MIRIAM FEHLBUS
ALTES LAND

MIRIAM FEHLBUS

ALTES LAND

UNTERWEGS VOR DEN TOREN HAMBURGS

Koehlers Verlagsgesellschaft

Hamburg

Bildnachweis

Miriam Fehlbus: Seite 19, 20, 23 Vollbild und oben, 24, 28, 29, 32, 33, 34 unten, 35, 36, 37, 38, 39, 41, 42, 54, 57 mitte, 63 oben, 66, 67, 68, 69, 72 oben und mitte, 80, 81, 82, 83 mitte und unten, 84 oben, 88 oben, 90 mitte, 92, 93, 96, 97, 106 mitte, 111, 114, 120 oben

Alle anderen Fotos: © Martin Elsen, www.schoenes-foto.de

Ein Gesamtverzeichnis der lieferbaren Titel schicken wir Ihnen gerne zu.
Bitte senden Sie eine E-Mail mit Ihrer Adresse an:
vertrieb@koehler-books.de
Sie finden uns auch im Internet unter: www.koehler-books.de

Bibliografische Information der Deutschen Nationalbibliothek
Die Deutsche Nationalbibliothek verzeichnet diese Publikation in der Deutschen Nationalbibliografie; detaillierte bibliografische Daten sind im Internet über http://dnb.d-nb.de abrufbar.

2. überarbeitete Auflage
ISBN 978-37822-1213-7
Koehlers Verlagsgesellschaft, Hamburg

© 2013 by Maximilian Verlag, Hamburg
Ein Unternehmen der Tamm Media
Alle Rechte vorbehalten.

Produktion: Nicole Laka
Druck und Bindung: DZS Grafik, Slowenien

INHALT

Vorwort 9

Das Alte Land 10
   Auf einen Blick 10
   Das Alte Land und die Elbe 14
   Die Deichpflege 22

Unterwegs in der III. Meile 25
   Zwischen Süderelbe und Este 25
   Ausflug nach Buxtehude 36

Unterwegs in der II. Meile 41
   Zwischen Este und Lühe 41

Unterwegs im Obstbau 59
   Blüte und Tradition 59
   Rund um den Apfel 70

Radfahren im Alten Land 98

Die Samtgemeinde Lühe 104

Unterwegs in der I. Meile 106
   Zwischen Lühe und Schwinge 106

Geschichte erleben 115
   Altländer Bauernhäuser 115
   In Stade 120

Das Alte Land maritim 130

Anhang 134

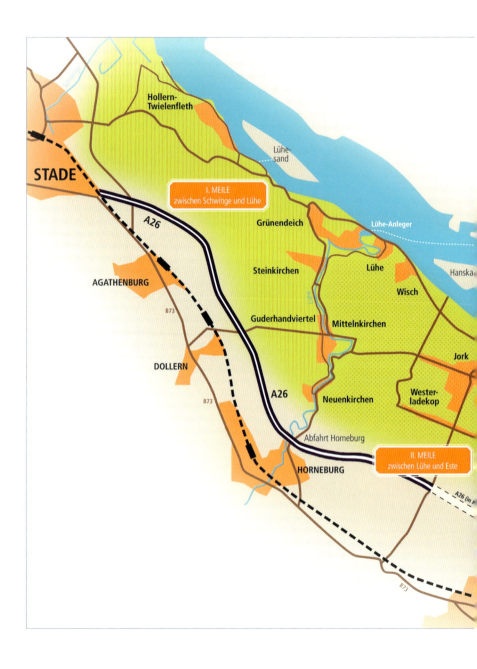

DAS ALTE LAND

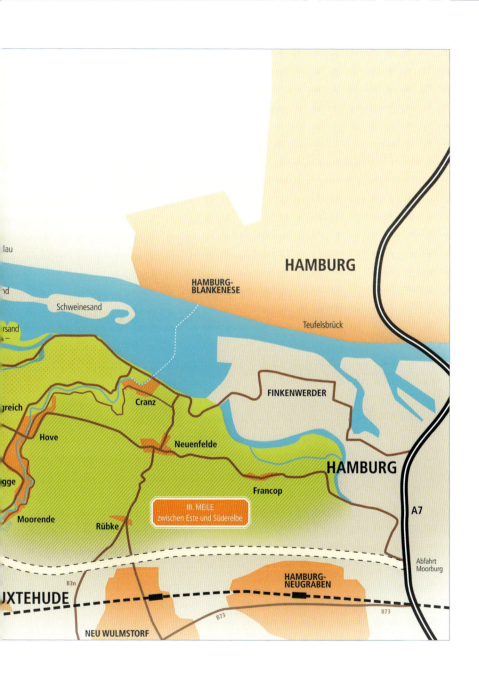

Das Alte Land vor den Toren Hamburgs

Deiche gibt es an der norddeutschen Küste viele. Erst der Wechsel zwischen maritimer Landschaft, Fachwerkidylle und Obstgarten macht das Alte Land vor den Toren Hamburgs so einzigartig. Wer seinen ganz persönlichen Lieblingsplatz sucht und sich nicht entscheiden kann, ob dieser wohl in der Nähe einer Großstadt, auf dem flachen Land oder direkt am Wasser liegen sollte, der macht sich am besten einmal entlang der Elbe zwischen Francop, Jork und Hollern-Twielenfleth auf die Suche. Manche, die so ins Alte Land fuhren, kamen für einen Tag, andere blieben einige Wochen und ein paar zog es für immer in diese Region. Im Alten Land wohnen kann schließlich jeder – ein Altländer werden Zugezogene bestenfalls nach vielen Generationen. Und so weisen die Altländer stolz auf ihre Vorfahren hin. Auf Pforten und herrlichen Türen am Haus und im persönlichen Gespräch. 300 Jahre sollte so eine Familiengeschichte schon haben, um jedem Zweifel erhaben zu sein.

Ein guter Anfang für jede hoffnungsvolle Geschichte: Pflanzen Sie einen Apfelbaum. Es muss ja nicht gleich eine ganze Plantage sein. Die Altländer erlauben heute solch touristische Obstbaumansiedlungen. – Wer will, kann eine Baumpatenschaft übernehmen und auch seine eigenen Altländer Äpfel ernten. Die Baumpflege wird in speziellen Kursen gelehrt, und natürlich kann jeder, der sich traut, versuchen, selbst als Erntehelfer anzuheuern.

Es gibt viele schöne Geschichten über dieses Stück Land. Alte und neue. Von verstoßenen Nonnen und von Bienen, die auf Kräuterlikör fliegen. Von Altländer Krimis, die sich wirklich ereignen, und von blühenden Eiszapfen. Und natürlich gibt es LA. Den Lühe-Anleger und zugleich das Los Angeles an der Elbe – mit ganz vielen Engeln, die von überall herbeigeflogen kommen und für einen schönen Sommernachmittag lang am Wasser zu Freunden werden. Fliegen Sie mit – mit dem Fahrrad, dem Motorrad, mit Auto, Bus oder Schiff. Das Alte Land lässt sich auf verschiedenen Wegen erobern. Mindestens zwei Varianten sollte jeder Besucher selbst ausprobieren. Eine davon: der Spaziergang auf dem Deich.

Auf geht's, ins Alte Land

Miriam Fehlbus

DAS ALTE LAND
Auf einen Blick

DAS ALTE LAND

DAS ALTE LAND IN ZAHLEN

- Das Alte Land ist etwa 170 Quadratkilometer groß.
- An der Niederelbe mit dem Alten Land als Herzstück wird auf 10.500 Hektar, also 105 Quadratkilometern Land, Obst angebaut.
- Rund 300.000 Tonnen Äpfel werden in diesem Gebiet pro Jahr geerntet.
- Der Apfel dominiert im Anbau, auf fast 90 Prozent der Flächen werden Äpfel angebaut. Drei Prozent sind Birnen. Nur etwa zwei Prozent machen heute noch Pflaumen und Zwetschen aus. Fünf Prozent sind Süßkirschen.
- An der Niederelbe werden 15 Prozent des Inlandsbedarfs an Äpfeln erzeugt.
- Jeder dritte deutsche Apfel stammt aus dieser Region.
- Der größte Teil des Alten Landes gehört zu Niedersachsen. Aber auch die Hamburger Stadtteile Francop, Neuenfelde und Cranz gehören dazu.

WEGE INS ALTE LAND

Das Alte Land wird von der einen Seite durch die Elbe eingerahmt, von der anderen durch die Bahnlinie, auf der seit 2007 auch die Hamburger S-Bahn durchgehend zwischen Hamburg und Stade fährt. Allerdings gehören die Orte mit Bahnanschluss selbst nicht mehr zum klassischen Kerngebiet. Bis die Autobahn A26 einmal fertig ist, die von Stade bis zum Anschluss an die A7 bei Moorburg führen wird, sind die dichtesten Autobahnabfahrten Moorburg an der A7 und Rade an der A1. Bei der Fahrt über Moorburg geht es über die Waltershofer Straße und den Moorburger Elbdeich in Richtung Francop.

Klappbrücke am Estesperrwerk.

Bei der Fahrt über die A1 mit der Abfahrt Rade wird zuerst Buxtehude angesteuert. Über die Soltauer Straße in Richtung Elstorf geht es weiter nach Ovelgönne, einem Ortsteil von Buxtehude, und gleichzeitig der erste Ort auf dieser Strecke an der B73. Von hier fahren Sie entweder rechts weiter in Richtung Neu Wulmstorf. Vor dem Ort geht die Abfahrt auf die B3neu ab, hier kommen Sie direkt nach Neuenfelde. Oder aber Sie fahren links auf der B73 nach Neukloster weiter und von dort rechts ab in Richtung »Hauptstadt« Altes Land – Jork. Doch Vorsicht, wenn Sie während des Berufsverkehrs anreisen. Die B73 ist hier zu diesen Zeiten besonders stark frequentiert.

Sehr schön ist übrigens die Anreise per Schiff ins Alte Land. Wenn Sie aus Hamburg für einen Tagesausflug kommen, dann nehmen Sie doch einfach den »Wasser-Bus«. Im HVV-Tarif schippern Sie auf direkter Linie mit der Elbfähre von Blankenese beziehungsweise dem Anleger Teufelsbrück zum Anleger Neuenfelde vor dem Este-Sperrwerk. In einer halben Stunde sind Sie über die Elbe. Nur ein paar Minuten länger, direkt an der Sietas-Werft vorbei, und Sie steigen in Cranz aus. Noch eine Alternative: Von Schulau in Schleswig-Holstein gibt es eine Fährverbindung für Personen und Fahrräder zum Lühe-Anleger nach Grünendeich.

Und wer aus dem Norden mit Schiff und zugleich dem Auto anreisen möchte, der fährt zum Fähranleger Op de Wurt in Glückstadt und setzt nach Wischhafen im Kreis Stade über. Über Dornbusch, Drochtersen und Bützfleth nähert man sich dann Hollern-Twielenfleth.

Die schönsten »Einfahrtsrouten« mit dem Auto führen von Stade in Richtung Hollern-Twielenfleth, von Dollern in Richtung Mittelnkirchen, von Horneburg gen Guderhandviertel, von Neukloster nach Ladekop und Jork sowie von Buxtehude westlich der Este nach Estebrügge und östlich der Este nach Moorende ins Kerngebiet des Alten Landes. Und natürlich gibt es auch die Möglichkeit, über den beliebtesten Fernradweg Deutschlands ins Alte Land zu kommen: Der Elberadwanderweg mit dem Etappen-Einstieg in Finkenwerder führt weiter Richtung Elbmündung mitten durch Deutschlands nördlichsten Groß-Obstgarten.

www.hadag.de/hafenfaehren
www.luehe-schulau-faehre.de
www.elbfaehre.de

DAS ALTE LAND

WANN INS ALTE LAND?

Der Verein Obstbauversuchsring des Alten Landes führt seit 1936 über die Blüte Buch. Demnach beginnt die Süßkirschenblüte an der Niederelbe im Mittel am 22. April, die Apfelblüte am 5. Mai. Natürlich hängt alles ganz einfach vom Wetter ab. Auf den Tag planen lässt sich das Blütenerlebnis im Alten Land also nicht. Eine kleine Hilfestellung gibt das Blütenbarometer, das über das Internet abrufbar ist: www.bluetenbarometer.de

Hier lässt sich quasi in aller Welt ganz aktuell auf einen Klick erkunden, ob sich Kirsch- und Apfelblüten gerade öffnen, was als Mausohr betitelt wird, zur Mittel- oder Vollblüte ansetzen oder bereits am Abblühen sind. Am schönsten ist eine Radtour durch die Plantagen sicher während der Apfel-Vollblüte bei Sonnenschein. Aber auch andere Wettervariationen bringen in dieser Zeit ein faszinierendes Fotomotiv für jeden Reisebericht. Zum Probieren der Früchte lohnt sich ein Ausflug ab Ende Juni, dann gibt es zuerst Süßkirschen. Es folgen Pflaumen und Zwetschen im August und September. Und dann gibt es auch schon wieder frische Äpfel und Birnen.

Das Alte Land und die Elbe

EIN BISSCHEN GESCHICHTE

Das Alte Land liegt auf Marschland im Elbe-Urstromtal. Mit dem Ende der letzten Eiszeit vor mehr als 11.000 Jahren lief das Schmelzwasser nach Süden ab. Es bildete sich das Urstromtal der Elbe. Das Wasser floss in die Nordsee. Mit dem steigenden Meeresspiegel verlangsamte sich die Fließgeschwindigkeit. Der mitgeschwemmte Sand setzte sich in Form von Dünen ab, die die später entstehende Elbmarsch noch heute überragen. Auf einer solchen Erhebung steht auch die Kirche von Hasselwerder, heute Neuenfelde.

Nach dem Abschmelzen des Eises wurde der Elbstrom schmaler und verlagerte sich gen nördlichen Elbhang. Doch mit jeder größeren Flut transportierte der Strom Sedimente, und so kam es zur Marschbildung.

Forschungen von Wissenschaftlern der Hamburger Universität ergaben, dass die Region des Alten Landes seit vermutlich 800 vor Christi Geburt durchgehend besiedelt ist. Nachweislich lebten hier die Nordseegermanen – genauer gesagt der germanische Stamm der Chauken, später wohl Teilstamm der Sachsen. Die Chauken lebten nach Berichten des römischen Gelehrten Plinius vor allem vom Fischfang. Plinius (24 bis 79 nach Christus) berichtet in seinen wenigen erhaltenen Schriftstücken von Ebbe und Flut und von immer wiederkehrenden Überschwemmungen, gegen die sich die Siedler nur durch den Bau ihrer Hütten auf Erderhöhungen schützten.

Die verstoßene Nonne

Einen schriftlichen Nachweis zur Besiedelung des Alten Landes gibt es durch eine reiche Nonne mit dem Namen Rikquur, auch Rikvur. Sie verstieß gegen die Gebote der Heiligen Kirche und bekam einen unehelichen Sohn. Daraufhin wurde sie im Jahr 1059 aus dem Kloster verwiesen. Ihre Strafe ist urkundlich belegt. Demnach blieben ihre Besitztümer nach der Verfehlung bei der Kirche. Für den Lebensunterhalt allerdings gab ihr der Erzbischof Adalbert einen Altenteil aus acht Bauerschaften – unter ihnen Tuinunfliet, das heutige Twielenfleth, und Heslewarther, das frühere Hasselwerder und heutige Neuenfelde.

DAS ALTE LAND

Hollerkolonisation

Erst durch den Beginn der sogenannten Hollerkolonisation wurde das Marschland großflächig urbar gemacht. Als schriftlicher Nachweis gilt in diesem Zusammenhang eine 1113 von Bischof Friedrich I. von Bremen ausgestellte Kolonisationsurkunde. Nachweislich wurde hier Heinricus Sacerdos, auch Priester Hendrik aus Jacobswoude genannt, Marschland übertragen, mit dem Zweck, es mit dem Fachwissen von Wasserexperten aus Holland zu entwässern. Fünf weitere Holländer bekamen zu dieser Zeit Land übertragen. Der Verdener Historiker Dr. Adolf E. Hofmeister hat dazu an der Universität Hildesheim Schriften veröffentlicht, die sich mit der Besiedlung und Verfassung der Elbmarsch im Mittelalter beschäftigen.

KLEIN HOLLAND

Bei der Hollerkolonisation wurden die tiefergelegenen und moorigen Marschgebiete trockengelegt, indem die holländischen Siedler die Techniken anwandten, die schon in ihrem eigenen Land zu Erfolg geführt hatten. Durch das Land wurden parallel zueinander kleinere Gräben gezogen, die in einen quer dazu verlaufenden Hauptgraben, genannt Wettern, flossen. Bei der Entwässerung machten sich die Entwässerungstechniker dann den Wechsel von Ebbe und Flut zunutze. Die Hauptgräben gaben das Wasser in natürliche Wasserläufe – Fleete – oder in den nächstgelegenen Flussarm ab. Mittels Schleusen, anfangs handelte es sich wohl dabei um ausgehöhlte

Baumstämme, die sich mit Klappen einseitig verschließen ließen, floss das Wasser mit dem einsetzenden Niedrigwasser ungehindert ab. Bei Flut wurde der Ablauf dagegen von der Flussseite versperrt.

Wassergräben zur Entwässerung bestimmen vielfach noch das Landschaftsbild der langgezogenen Anbauflächen im Alten Land. Allerdings waren es früher mehr. Die zusammenhängenden Flächen sind zur besseren Bewirtschaftung vergrößert worden. Früher galt die »Formel« 700 Meter laufender Bach auf einen Hektar (10.000 Quadratmeter).

Noch heute ist im Alten Land die typische Entwässerungsform zu sehen. Wissenschaftler von der Universität Amsterdam sehen im Alten Land eine Eins-zu-eins-Kopie der

DAS ALTE LAND

Gegen Überschwemmungen schützen seit der Urbarmachung Deiche das Land mit den Siedlungen vor Überschwemmungen. Allerdings kam es durch Sturmfluten immer wieder auch zu Deichbrüchen.

Landschaften im »grünen Herzen« Hollands, wobei sich die hochmittelalterlichen Strukturen in der Tochterlandschaft besser als bei der Mutter erhalten hätten. Und auch ein paar bauliche »Erinnerungsstücke« fallen ins Auge, wie etwa die Windmühlen am Elbdeich in Jork-Borstel oder Venti Amica in der Mühlenstraße in Hollern-Twielenfleth oder aber auch die Schwäne statt der Niedersachsenpferde als Giebelzierde.

DER NAME ALTES LAND

Über die Entstehung des Namens Altes Land gibt es zwei Theorien, die sich nicht gegenseitig ausschließen. So heißt es auf Platt- oder Niederdeutsch Olland, und da

liegt die Ableitung von Holland nahe, wobei Holland selbst vom Altniederländischen Holtland sprich Holzland kommt. Olland ins Hochdeutsche übersetzt heißt aber Altes Land. Und so könnte es zur Entstehung des Namens gekommen sein.

Eine andere Theorie besagt, dass das durch die holländischen Siedler entwässerte Gebiet, das also bereits bearbeitet war, immer das »Alte Land« genannt wurde. Dagegen war das noch nicht bearbeitete Land das »Neue Land«. Irgendwann seien dann die Arbeiten abgeschlossen gewesen und alles Land konnte besiedelt und bebaut werden, so dass das gesamte Gebiet das »Alte Land« war. Aus dem 14. Jahrhundert finden sich Hinweise auf den lateinischen Namen terra vetera für die Region – übersetzt bedeutet dies: Altes Land.

DIE DREI MEILEN

1140 erreichte die Holler-Kolonisation den Fluss Lühe. Damit war die Urbarmachung in der Ersten Meile zwischen der Schwinge und der Lühe abgeschlossen. 1197 wurde die Zweite Meile zwischen Lühe und Este kolonisiert und 1230 die Dritte Meile, die sich heute zwischen Este und Alte Süderelbe befindet. Um 1235 findet sich laut dem Archivar und Historiker Adolf E. Hofmeister eine

Erwähnung von Francop. Auch dies ist übrigens ein Hinweis auf die holländischen Siedler. Die Endsilbe -cop kommt offenbar vom holländischen Cope und heißt Kauf. Um 1240 sollen die Marschen des Erzstiftes größtenteils besiedelt gewesen sein. Allerdings suchte im Jahr 1248 Ende Dezember die Allerkindleinsflut beide Elbuferseiten heim. Und die Überschwemmungsgefahr blieb. 1392 brachen die Deiche zwischen Nincop und der Este bei Sturmfluten. Erst ab 1460 begann die Neueindeichung der Dritten Meile. Im 14. und 15. Jahrhundert gab es zahlreiche verheerende Sturmfluten, darunter die Cäcilienflut vom 21. November 1412, bei der die heutige Elbinsel Hahnöfersand vor Borstel vom Festland abgerissen worden sein soll. Ein Chronist schreibt außerdem von der Allerheiligenflut vom 25. Oktober 1570, wo über sintflutartige Überschwemmungen berichtet wird. Weitere dokumentierte Sturmfluten sind vom 14. Februar 1602, vom 26. Februar 1625 sowie die Maiflut vom 13. und 14. Mai 1678. Während der Katharinenflut vom 25. November 1685 standen die Erste und die Zweite Meile völlig unter Wasser. Im 18. Jahrhundert kommt es sehr häufig zu Deichbrüchen und Überschwemmungen. Das Wasser vernichtete Futter, Saat, tötete Tiere und Menschen. Die Flut am 3. Februar 1825 wird in der Heimatgeschichte des Alten Landes als »vorletzte Großflut« betitelt. Der Jorker Heimatforscher Hans Peter Siems schrieb später, ihre Fluthöhen seien weder vorher noch jemals nachher erreicht worden. Doch dass die Deiche immer noch brechen können, das zeigte sich besonders dramatisch im Februar 1962.

Immer wieder gibt es Sonderausstellungen zur Sturmflut 1962, wie hier im Museum Altes Land.

STURMFLUT 1962

Orkanartiger Sturm hatte am Nachmittag des 16. Februar 1962 Wassermassen in die Elbmündung gedrückt. Dazu tobte ein Wintergewitter mit Schnee und Hagel. Noch ahnte keiner der Bewohner hinter den Deichen die nahende Katastrophe. Kurz nach Mitternacht, so beschreiben es Augenzeugen, gab dann die Freiwillige Feuerwehr von Lühe bis Hinterbrack mit dem Martinshorn Alarm. Es wurde damit begonnen, die Einwohner nach Buxtehude-Neukloster in Sicherheit zu bringen, doch da wurde der Lühedeich schon an vier Stellen zerrissen. Das Wasser schoss ins Binnenland und hinterließ ein Trümmerfeld. Zwischen Borstel und Cranz wurden die Straßen bis zu einem Meter überflutet. In den frühen Morgenstunden drang das Wasser nach Jork. Weite Flächen versanken im schlammigen Nass.

Flutmarken zeigen den Pegelstand der Flut von 1962, hier auf dem Parkplatz am Obstbauzentrum Esteburg in Moorende.

Während sich das 1961 fertiggestellte (alte, innere) Estesperrwerk bewährte und die Estedeiche von Cranz bis Buxtehude nicht überflutet oder zerstört wurden, hielten die Elbdeiche dem Wasser nicht Stand. Durch große Deichdurchbrüche in Neuenfelde brauste das Wasser gerade auf Hove und Moorende zu. In alle Häuser der Estedörfer drang das Wasser bis zu einer Höhe von zwei Metern im Erdgeschoss ein. In Neuenfelde selbst richtete die Flut größere Schäden an als der Krieg. In einer Nacht wurde der Ort um Jahrzehnte zurückgeworfen. Und das Wasser blieb lange. Am Arp-Schnitger-Stieg in Neuenfelde stand das Wasser auf 2,65 Meter Höhe und blieb bis zum 8. März. Die Wasserstandshauptzahlen am Pegel Stadersand: Bei der sogenannten vorletzten Großflut am 3./4. Februar 1825 wurden 5,14 Meter gemessen. Am 17. Februar 1962 waren es 5,73 Meter. Grund war ein über Stunden gleichbleibend starker Nordwest-Sturm vor dem Hochwasser, der die Flutwelle schließlich mit Macht in den Trichter der Elbe gen Hamburg drückte. Zehntausende Menschen wurden bei dieser Sturmflut über Nacht obdachlos. Tausende kämpften im eisigen Wasser um ihr Leben. Am schlimmsten traf es Hamburg mit 315 Toten.

Schilder am Wegesrand: Keine Elbvertiefung

Wer sich die Sturmfluten vor Augen führt, bekommt eine Vorstellung davon, was den Respekt der Altländer vor der sonst so ruhig dahingleitenden Elbe angeht. An einigen Orten hängen große Plakate mit der Aufschrift: »Keine Elbvertiefung – Wir wehren

DAS ALTE LAND

uns«. Die Elbvertiefungsgegner haben für die in den vergangenen Jahren plötzlich auftretenden Schäden an den Deichen eine Ursache ausgemacht: die letzte Elbvertiefung von 1999. Ihre Rechnung: Mit jeder Elbvertiefung wird die Fließgeschwindigkeit erhöht. Dadurch komme mehr Wasser in die Elbe hinein und es fließe auch schneller wieder ab. Das führe zu mehr Erosion. Die Deiche würden Schaden nehmen.

Hamburg dagegen will die Elbe von der Mündung bis zum Hafen ausbaggern, damit die modernen großen Schiffe dem Hafen nicht verloren gehen, weil sie nicht mehr einfahren können. An dieser Entscheidung hängen auch viele Arbeitsplätze im Hafen.

Ein weiterer Punkt ist die Versalzung. Die Elbvertiefungsgegner, besonders im Obstanbaugebiet Altes Land, befürchten, dass die sogenannte Brackwasserzone, also der Bereich in der Elbe, wo sich das süße Flusswasser mit dem salzigen Meerwasser der Nordsee mischt, weiter flussaufwärts wandert. Sollte das salzige Wasser bis vor das Alte Land drängen, würde das Beregnungssystem der Obstbauern, das während der Blüte bei Frost die Ernte sichert, zusammenbrechen.

Die Deichpflege

DIE DEICHE

Die Deiche sind der wichtigste Faktor beim Hochwasserschutz, aber sie sind auch zum Betreten da. Natürlich können Sie die schönsten Spaziergänge oben auf der Deichkrone machen. Besonders am Elbdeich führen in regelmäßigen Abständen Treppen zum Weg hinauf. In genauso regelmäßigen Abständen werden Sie in den Sommermonaten auf Schafe treffen.

Die Schäfer befinden sich immer in der Nähe ihrer Tiere, wenn auch nicht mitten in der Herde. Die Zäune haben sie aufgestellt, damit die Mutterschafe mit ihren Lämmern in Ruhe fressen und säugen können. Jeweils abends aber werden an den meisten Stellen die Schafe vom Deich geholt und in extra angelegte hoch eingezäunte Pferche gebracht, um die Schafe zusätzlich zu schützen.

Sollte ein Hund die Schafe jagen, kann das auch zu viel Ärger mit dem Oberdeichrichter führen. Wer früher nicht die Deiche mit pflegte oder gar zerstörte, der bekam nach alten Erzählungen Hiebe mit der Forke und musste Strafe zahlen. Die modernen

> **BITTE BEACHTEN**
>
> Bitte gehen Sie nicht durch die mit Elektrozaun abgegrenzten Bereiche, sondern kurz den Deich hinunter und nach dem hinteren Zaun für die Herde wieder hinauf. Die Schafe haben ihre Lämmer dabei. Menschen und vor allem Hunde bringen viel Unruhe in die Herde. Und es wäre nicht das erste Mal, dass ein Hund ein Lamm reißt oder es so lange hetzt, bis es sich ein Bein bricht.

DAS ALTE LAND

Oberdeichrichter drohen damit, die Wege auf den Deichen für Fußgänger zu sperren. Das wäre ein großer Verlust für alle, denn die meisten Flächen gehören dem Deichverband. Mit hohem Einsatz von Kosten wird der Hochwasserschutz sichergestellt. Wir Fußgänger und Radfahrer sind also nur Gäste.

Die Schafe genießen bei den Bewohnern des Alten Landes und den Menschen, die für die Deiche zuständig sind, ein hohes Ansehen. Sie sind nicht nur als geländegängige Rasenmäher unterwegs. Indem sie die grasbewachsenen Flächen sprichwörtlich mit Füßen treten, verfestigen die Tiere die Grasnarbe, treten kleine Mäuselöcher zu und sind damit viel wertvoller als jedes maschinelle Gerät.

Die Schäfer auf dem Elbdeich sind im Auftrag der Deichverbände im Einsatz. Der erste Auftrieb auf den Deich im Frühjahr ist immer eine besondere Herausforderung.

Heinrich »Heinz« Nau aus Jork-Borstel nennt den Moment, wenn die 1.000 Schafe im Frühjahr wieder die Deiche erobern, lachend den Almauftrieb des

Nordens. Der gebürtige Sauerländer hat seine Tiere auf den grünen Hängen des Deichverbands der II. Meile Alten Landes laufen, und wenn Sie einmal ein paar weiße Werbeschriften einer bekannten Biermarke als verbindendes und weit sichtbares Element

am Elektrozaun finden sollten: Heinz Nau kommt eigentlich aus Warstein. Aber auch hier gilt: Schafe haben »Vorfahrt«.

Für die März-Lämmer ist es die erste Freiluftsaison. Erst wenn das Gras richtig wächst, also die Temperaturen mild sind, geht es auf den Deich. Wer Glück hat, bekommt den ersten Auftrieb vielleicht zufällig aus der Ferne mit. Dann öffnen sich die Tore im Stall, eine blökende Herde marschiert zielstrebig auf das saftige Grün zu, umrundet von Hunden und mindestens einem zweiten Schäfer, der an diesem Tag zu Hilfe kommt, schließlich sind das Gefährlichste für die Tiere auf dem Weg zum Futter die Straßen. Auch deshalb gibt es hauptsächlich an der Elbe Schafe zu sehen. Gern würden die Deichverbände auch die kleineren Flussdeiche beweiden lassen, aber dort sind die stark befahrenen Straßen das größte Problem.

Nicht selten ist Ostern, wenn das Wetter mitspielt, der erste große Tag im Alten Land. In vielen Jahren stehen dann auch schon die Schafe mit ihrem Nachwuchs auf den Deichen.

Im Herbst und Winter gehen die Tiere übrigens nicht gleich in den Stall, sondern ziehen vom Alten Land weg in Richtung Geest. Dort finden die Schäfer mit ihren Herden Weiden und Äcker mit Futterpflanzen, die von den Landwirten nicht mehr gemäht wurden. Weil Grünland aber nicht mit zu langen Grashalmen in den Winter gehen sollte, damit es im nächsten Frühjahr besser durchtreibt, freuen sich die meisten Landwirte, wenn die Schafe ihnen die Arbeit des »letzten Schnitts« abnehmen. So führen die Altländer Schafe dann plötzlich auf den Straßen bisweilen zu einem »tierischen Stau«, wie man ihn eigentlich nur in der Lüneburger Heide erwartet hätte. Auch bei anhaltenden Minustemperaturen hält die über den Sommer und Herbst nachgewachsene Wolle die Schafe warm. Und so führt der Bodenfrost eher beim Schäfer als bei der Herde zu Frust: Auch bei dieser Wanderschäferei grasen die Tiere in durch Elektrozäune abgesperrten Bereichen. Bei Frost muss dann nicht selten der Akkuschrauber her, um die Pfähle dafür in den Boden zu bekommen. Im Februar/März geht dann im heimischen Stall alles von vorne los. Dort gibt es Heu von Altländer Grünland.

UNTERWEGS IN DER III. MEILE
Zwischen Süderelbe und Este

POLITISCHE GRENZEN

Das Alte Land gehört heute zu einem Teil zu Niedersachsen und liegt hier im Landkreis Stade mit der Kreisstadt Stade. Zu einem Teil gehört es aber auch zu Hamburg. Jork ist der Mittelpunkt des Alten Landes, 1885 hieß auch der preußische Landkreis Jork, zu dem neben dem Alten Land die Stadt Buxtehude und Neuland gehörten. 1932 wurde der Landkreis Jork aufgelöst. Der Teil westlich der Este wurde dem Landkreis Stade, der östlich der Este dem Landkreis Harburg angeschlossen. Heute gehört nur noch die Neu Wulmstorfer Ortschaft Rübke zum Landkreis Harburg, der zu Niedersachsen gehört. Mit dem Groß-Hamburg-Gesetz gingen 1937 die Gemeinden Cranz, Neuenfelde und Francop von Preußen an Hamburg über. Im Jahr 1972 wurden dann die Orte Hove und Moorende aus dem Landkreis Harburg der Gemeinde Jork angeschlossen. Seitdem gehören auch sie zum Landkreis Stade.

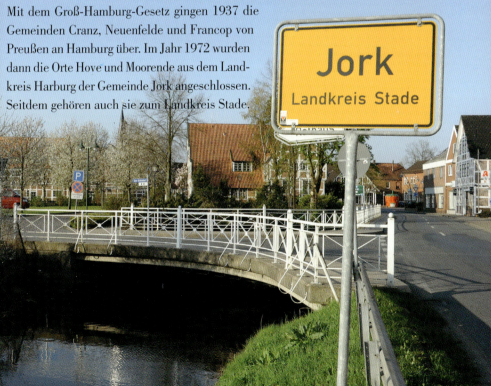

IN DREI-MEILEN-SCHRITTEN DURCH DAS ALTE LAND

Ein Leitfaden
Die Elbenebenflüsse Schwinge, Lühe und Este sowie die alte Süderelbe bilden die natürlichen Grenzen für die drei Meilen im Alten Land. Im Mittelalter entstanden, beschreiben sie bis heute die Zuständigkeitsbereiche für die jeweiligen Deichverbände. Die erste Meile liegt zwischen Schwinge und Lühe, die zweite zwischen Lühe und Este und die dritte schließlich zwischen Este und der alten Süderelbe. Nördlich wird das Alte Land von der Elbe begrenzt, südlich von einem Moorgürtel im Übergang zum Geestrand.

Da das Alte Land nun schon so schön unterteilt ist, warum nicht die Region in Drei-Meilen-Schritten erkunden? Wer von Hamburg oder über Buxtehude anreist, und das werden die meisten sein, beginnt allerdings in der III. Meile sozusagen von hinten. Der als Letztes kolonisierte Bereich hat dafür gleich besonders viel an typischer Altländer Tradition zu bieten.

Auf diesem Luftbild ist ein Großteil des Alten Landes gut zu erkennen. Vorne links ist das 2003 stillgelegte Kernkraftwerk nahe der Schwingemündung. Es befindet sich derzeit im Rückbau. Dahinter liegt der weiße Sandstreifen des Bassenflether Strandes. Gut zu erkennen ist auch die Elbinsel Lühesand mit den Strommasten sowie weiter im Hintergrund Hanskalbsand, Neßsand und Schweinesand als langgezogene Inselgruppe vor Jork. Rechts im Vordergrund ist der langgezogene Ortsteil Hollern der Gemeinde Hollern-Twielenfleth zu sehen.

UNTERWEGS IN DER III. MEILE

PRUNKPFORTEN

Die Pforten haben in der Regel eine große Durchfahrt für Wagen und eine kleine Pforte für den Durchgang von Fußgängern. Seit dem 17. Jahrhundert ließen sich wohlhabende Altländer Bauern die Zufahrten zu ihren Höfen mit Prunkpforten versehen. Ihre Entstehung geht offenbar auf Handwerker zurück, die 1683 am Bau der St.-Pankratius-Kirche in Neuenfelde mitgewirkt haben. Der Hamburger Holzbildhauer Christian Precht soll demnach nicht nur das Prunkinventar der St.-Pankratius-Kirche in Neuenfelde gestaltet haben, sondern auch am Bau der ersten Pforten beteiligt gewesen sein.

Zwei der schönsten und ältesten Prunkpforten finden sich dann auch direkt in Neuenfelde. Wenn Sie von Moorburg oder über die B3 neu von Rübke herkommen, landen Sie fast automatisch in Neuenfelde. Leicht zu finden und berühmt sind die verzierten Hofdurchfahrten an den Höfen Nincoper Straße 45 und Stellmacherstraße 9. Die Stellmacherstraße geht auf Höhe der Hausnummer 170 von der Nincoper Straße ab.

Die Altländer Pforte ist mit Löwenköpfen und Trauben verziert. So sollen die Löwen Bewohner und Ernte schützen. Die Trauben im Bogen stehen für Fruchtbarkeit.

Prunkpforte an der Nincoper Straße 45 von 1683.

✗ GASTRO-TIPP ✗

Café Puurten Quast

Die Familie Quast ist seit 1720 auf dem Hof an der Nincoper Straße 45 beheimatet. Jacob Quast erwarb den Hof von den Erben des Erbauers Probst von Finckh, der 1683 auch die Altländer Pforte errichten ließ. Diese ist namensgebend für das auf dem Hof beheimatete Café. Die Pforte, auf Plattdeutsch »Puurt« wurde zur besseren Unterscheidung der Quasts in Neuenfelde zum Beinamen: Puurten-Quast.

Nincoperstraße 45, 21129 HH-Neuenfelde , Telefon 0 40/31 79 38 51, www.puurtenquast.de

UNTERWEGS IN DER III. MEILE

BRAUTTÜREN

Beide Häuser verbindet noch eine andere Besonderheit des Alten Landes. Hier gibt es nämlich besonders viele schön geschmückte Türen. Und die beiden Türen an der Giebelfront sind »Brauttüren«. Ursprünglich führten keine Stufen zu der Tür hinauf und sie hatte auch außen keine Klinke, denn die Brauttür wurde, wie ihr Name schon sagt, von der Braut zur Hochzeit genutzt. Durch diese zog sie in das Haus ein – allerdings wohl weniger romantisch als bildlich gesehen. Gleich hinter der Tür war eine Kammer angelegt, in der die Wertsachen des Hauses gelagert wurden – und da gehörte natürlich auch die Aussteuer hin. Aber wenn man Legenden folgt, dann war diese Tür zum Einzug des Brautpaars gedacht. Und raus »ging« man durch diese Tür erst wieder, wenn man tot war. So trug man wohl die Leichen hier hinaus. Vor allem aber konnte die Tür im Notfall schnell von innen geöffnet werden, zum Beispiel bei Feuer. Die zunächst einflügeligen, zu Beginn des 19. Jahrhunderts dann zweiflügelig ausgeführten Türen waren noch sicher, wenn die ursprünglich

Lassen Sie sich in unserem historischen Bauernhaus mit großzügiger Gartenanlage mit ausschließlich selbstgestellten Kuchen und Torten, leckeren Kaffee- und Tee-Spezialitäten verwöhnen.

In unserem Hofladen bieten wir Ihnen hausgemachte Marmeladen, leckeren Apfelsaft aus eigenen Äpfeln und Früchte je nach Saison an.

Öffnungszeiten: Freitag bis Sonntag von 14:00–18:00 Uhr
oder gerne nach Vereinbarung.

Café Obsthof PuurtenQuast

Wenn man der Neuenfelder Straße von Neuenfelde in Richtung Jork-Königreich bis an die Estebrücke folgt und kurz vor der Brücke links nach Klein Hove abbiegt, steht dort dieses Haus aus dem Jahr 1712 mit einer besonders schönen Brauttür und goldenem Pferd im Oberlicht an der Straße. Es gehört zum Bio-Obsthof Augustin, Klein Hove 21.

reetgedeckten Dächer Feuer fingen und das Haus wegen des herunterrutschenden brennenden Reets über die seitlichen Türen nicht mehr zu verlassen war. Die Wertsachen aus der Truhenkammer konnten hier auf dem schnellsten Wege ins Freie geschafft werden. Brauttüren zeichnen sich außerdem dadurch aus, dass sie ein besonders schönes Oberlicht (Schmuckfenster über der Tür) haben.

UNTERWEGS IN DER III. MEILE

NEUENFELDE

In Neuenfelde empfiehlt sich der Besuch der dortigen St.-Pankratius-Kirche. Die barocke Pfarrkirche ist täglich von 9 bis 16 Uhr geöffnet. Sie wurde in dieser Form 1682 erbaut. Auf der linken Seite vom Eingang aus gesehen, zugleich die Nordwand, hängt ein überlebensgroßes Porträt des Pastors und Altländer Propstes Johann Hinrich von Finckh, der den Anstoß gab, die ehemals nur halb so große Kirche an dieser Stelle abzureißen und neu zu bauen. In Rekordzeit wurde nach dem Abriss zu Ostern 1682 schon am 1. Advent desselben Jahres der erste Gottesdienst in der neuen Kirche gefeiert. Und zwar auf dem höchsten Punkt weit und breit, einer natürlichen Sanddüne. Damit bot die Kirchendüne allen Zuflucht, wenn Sturmfluten ins Marschland

Neuenfelde von oben: Hinten rechts ist die Landebahn des Flugzeugherstellers Airbus, der im benachbarten Finkenwerder sitzt, zu sehen. So kommt es nicht selten vor, dass das Frachtflugzeug Airbus Beluga über den Dächern von Neuenfelde zu beobachten ist. Die Landebahnverlängerung hat nach 2007 zu einer in allen Medien immer wieder thematisierten »Geisterstadt« geführt. Die Stadt Hamburg hatte insgesamt 67 Häuser in Hasselwerder Straße und Organistenweg gekauft, um Klagen wegen des Fluglärms abzuwenden und sie deshalb auch bewusst leer stehen lassen.

> **TIPP**
>
> Regelmäßig in ihrer Klangfülle zu erleben ist die Schnitger-Orgel bei den Neuenfelder Orgelmusiken, die jeden ersten Sonntag in den Monaten April bis Dezember ab 16.30 Uhr stattfinden. Der Eintritt ist frei.

hereinbrachen. Zugleich wurde damit ein kostbarer Schatz gesichert, der sich nicht gleich beim Eintritt in die Kirche zeigt, sondern erst, wenn man sich umdreht und zum Eingang zurückblickt: die Arp-Schnitger-Orgel. Auf einer doppelten Empore schuf der berühmteste Orgelbauer Nordeuropas – Altländer behaupten auch gern der ganzen Welt – 1683 seine heute größte erhaltene »zweimanualige« Orgel – das heißt, der Spieltisch der Orgel hat zwei Klaviaturen, die mit der Hand zu spielen sind.

Arp Schnitger wurde 1648 in der Wesermarsch geboren. Er kam vermutlich über einen Verwandten in die Region an der Elbe und lernte schließlich die Neuenfelder Hoferbin Gertrud Otte kennen, die er heiratete und mit der er Kinder bekam. Durch die Heirat war er auch Gemeindemitglied geworden. Er, seine erste Ehefrau und Tochter erhielten – wie hier sonst nur Gemeindepastoren und andere Amtspersonen – ihr Grab in dieser Kirche. Daran erinnert eine moderne Bodenplatte im Gang zur Nordtür neben Schnitgers Gruft.

Bevor Schnitger 1719 starb, schuf er mehr als 100 Orgeln neu und gestaltete viele um. Seine Orgeln wurden nach England, Russland, Spanien und Portugal exportiert. Doch das Alte Land hat noch heute auf dem dichtesten Raum seine Orgeln zu bieten. In Hollern, Steinkirchen und Mittelnkirchen sind die Schnitger-Orgeln weitestgehend erhalten. An der Orgel in Borstel hat Schnitger seine ersten Arbeiten im Alten Land durchgeführt. In Estebrügge ist nur noch das Gehäuse erhalten, in Jork das Gehäuse einschließlich der alten Prospektpfeifen.

Die Kanzel-Altarwand in der St.-Pankratius-Kirche stammt aus der Hand des Hamburger Bildschnitzers Christian Precht. Am Kanzelkorb sind Christus mit der Weltkugel und an seinen Seiten die vier

Evangelisten abgebildet, wie auch an der Deckenbemalung unter der Orgelempore – Matthäus mit Engel, Markus mit Löwe, Lukas mit Stier und Johannes mit Adler.

Über dem Altar zeigt das Deckengemälde, das im Jahr nach dem Neubau 1683 von Berichau und Wördenhoff aus Hamburg geschaffen wurde, Jesus als Weltenrichter im Jüngsten Gericht, von Engeln unterstützt, flankiert von Märtyrern, Propheten und Aposteln.

TIPP

Die Orgelakademie Stade bietet fortgeschrittenen in- und ausländischen Studenten die Möglichkeit zu Studienaufenthalten. Außerdem gibt es spezielle Orgelführungen. Aktuelle Termine finden sich unter www.orgelakademie.de

Das alte Mahlwerk wird von seinen privaten Besitzern gut in Schuss gehalten. Es fällt in Moorende gleich ins Auge.

UNTERWEGS IN DER III. MEILE

Der Glockenturm stand ursprünglich abseits der Kirche. Er wurde durch einen Blitzschlag im Jahr 1786 zerstört. Der heutige Turm wurde 1841 vor der Westfront gebaut.
Aktuelle Infos: www.kirche-suederelbe.de/neuenfelde

MOORENDE

In Moorende ist die Deichhufensiedlung entlang des Flusses Este sehr schön zu erkennen. Die charakteristische Siedlungsform des Reihendorfs entstand durch die aus Holland mitgebrachte Flurauftailung in nach Länge und Breite vermessene Hufe, sprich Hofstellen. Ebenso wie übrigens Estebrügge auf der anderen Esteseite. Beide Ortsteile – Moorende und Estebrügge – gehören politisch zur Gemeinde Jork. Aber noch gibt es etwas Wissenswertes aus der III. Meile, auch wenn Moorende vor allem zu einer Durchfahrt mit dem Rad oder einem Spaziergang einlädt. Von öffentlichen Wegen aus gibt es die Esteburg zu entdecken.

DIE ESTEBURG

Die Esteburg wurde zwischen 1607 und 1611 von Diedrich von Schulte als Wasserburg errichtet. Es soll sogar Schießscharten geben, die später mit Holz verfüllt wurden und einen Geheimgang zur Este, der allerdings zugemauert ist. Bis 1842 war das Gut Sitz des Patrionalgerichts Rübke. 1911 kaufte ein Privatmann das Gut mit seinen rund 50 Hektar. Bis heute ist das Gebäude im Besitz der Nachfahren und nicht zu besichtigen. Wer zum Obstbauzentrum Jork abbiegt, kann aber einen Blick von der Straße aus auf das Gutshaus mit den weißen Landsknechten vor der Tür werfen. Das Obstbauzentrum hat die Flächen des Gutes gepachtet. Das Obstbauzentrum Jork ist das Kompetenzzentrum für den Obstbau in ganz Norddeutschland.

DIE ERSTE ESTE-BRÜCKE

Die Brücke über die Este, die Moorende und Estebrügge verbindet, wurde erstmals urkundlich als Estequerung 1331 erwähnt. Bis 1873 war sie im Alten Land die einzige Möglichkeit, über die Este zu gehen. Sie lässt sich heute mit dem Auto überfahren. Damit wäre der Sprung in die II. Meile gemacht.

Ausflug nach Buxtehude

ABSTECHER IN DIE REALE MÄRCHENSTADT

Wer einfach von der Kreuzung Hove kommend geradeaus weiterfährt, der landet in der Märchenstadt Buxtehude. Diese Stadt im Landkreis Stade gibt es wirklich, auch wenn der Ausspruch »Geh doch nach Buxtehude« außerhalb der Region in Norddeutschland als Synonym für »Geh doch dahin, wo der Pfeffer wächst«

UNTERWEGS IN DER III. MEILE

benutzt wird. Wahrscheinlich, weil das nicht zuletzt bei den Gebrüdern Grimm beschriebene Wettrennen zwischen Hase und Igel auf der Buxtehuder Heide ein Beweis dafür zu sein scheint, dass Buxtehude nur ausgedacht ist.

Die Kleinstadt Buxtehude am Rande des Alten Landes hat alles zum Einkaufen. Wer die kurvige enge Straße durch Moorende hinter sich gebracht hat, kommt ziemlich genau am Buxtehuder Hafen raus. Zweimal rechts und einmal links über die Brücke am Zwinger und man kann sehr gut parken, um einen Bummel durch die Alt- und zugleich Innenstadt zu machen.

Ein beliebtes Fotomotiv: Der Has-und-Igel-Brunnen am Ende der Fußgängerzone in Richtung Bahnhofstraße.

DER BUXTEHUDER I-GUIDE

Es gibt das iPhone, den iPod, das iPad und in Buxtehude gibt es den I-Guide. Gesprochen wird das i oder I immer wie ei. Gemeinsam haben die technischen Geräte auch die Bedienung: Mit einem Finger auf der Geräteoberfläche lassen sich Programme und Inhalte steuern. Der I-Guide ist ein elektronischer Stadtführer. Eineinhalb Stunden

🛏 HOTEL-TIPP 🛏

Navigare NSBhotel
Wer länger in Buxtehude verweilen und dabei an Land auf eine kleine luxuriöse Kreuzfahrt gehen möchte, der ist im Hotel Navigare der Reederei NSB, einer der führenden Reedereien der Welt, richtig. In dem historischen Hotel-Gebäude aus der Kaiserzeit gibt es natürlich den Schiffen angeglichen Decks statt Etagen. Jedes Deck ist modern in verschiedenen Stilrichtungen eingerichtet. Wie wäre es zum Beispiel mit dem ersten Deck, das an den Urlaub am warmen Mittelmeer erinnert? Oder doch lieber nach Skandinavien im zweiten Deck? Das Navigare NSB*hotel* ist als Vier-Sterne-Hotel ein komfortabler und gemütlicher Hafen – nicht nur für Fans des Maritimen. Harburger Straße 4, 21614 Buxtehude, Telefon 0 41 61/7 49 00, www.hotelnavigare.com

dauert mit ihm die Zeitreise zu Fuß durch Buxtehude, als bäuerliche Niederlassung »Buochstadon« im Jahre 959 zum ersten Mal urkundlich erwähnt. Seit 2007 gibt es nun den Hightech-Gästeführer.

Los geht die Reise an der Stadtinformation. Mit der nachempfundenen Stimme des altehrwürdigen Magisters Gerhard Halepaghe, Mitte des 15. Jahrhunderts Priester an der St.-Petri-Kirche in Buxtehude, und der Studentin Evje im Ohr geht es zu 23 ausgesuchten Sehenswürdigkeiten in der Altstadt, zu denen die virtuellen Gästeführer Geschichten zu erzählen haben. Der I-Guide ist in der Stadtinformation auszuleihen. Bei der Sprachauswahl kann zwischen Deutsch und Englisch gewählt werden. Der I-Guide kann für drei Stunden zu 7,50 Euro oder ganztägig für 10 Euro ausgeliehen werden.

Stadtinformation Buxtehude
Viverstraße 1
Telefon 0 41 61/ 5 01 23 45
www.buxtehude.de/tourismus

WIE DIE HUNDE MIT DEM SCHWANZ BELLEN

In Buxtehude laufen übrigens nicht nur Hase und Igel im Märchen um die Wette, wobei der Igel bekanntlich seine ihm zum Verwechseln ähnliche Frau am anderen Ende der Wettlaufbahn platziert und so immer einer von beiden an der Wendemarkierung ruft: Ick bün all dor – in der Stadt Buxtehude bellen auch die Hunde mit dem Schwanze. Dahinter steckt nun eigentlich nur ein sprachliches Problem. Während nämlich die Buxtehuder seinerzeit noch mit einem harten Gegenstand gegen die Glocke schlugen, um zum Gottesdienst zu rufen, hatten die Holländer, die auch in Buxtehude ihre Spuren als Wasserexperten hinterließen, einen Schwanz an der »Hunte«, wie sie die Glocke nannten, befestigt. Der Schwanz war ein langes Seil, mit dem sie die Glocken »bellten«. Und seitdem bellen eben die Hunde in Buxtehude mit dem Schwanz.

UNTERWEGS IN DER III. MEILE

Buxtehudes erste urkundliche Erwähnung wird heute meist als Beschreibung für »Buchenstätte« gedeutet. Im Jahr 1135 wird der Ort dann »Buchstadihude« genannt, wobei das -hude auf eine Schiffsanlegestelle hindeutet, die bei der Buchenstätte war. Dieser erste kleine Hafen erledigte wohl auch wichtige Dienste bei der Besiedlung des Alten Landes. Angehörige des ortsansässigen Adelsgeschlechtes »von Buxtehude« stifteten im Jahre 1196 aus ihrem Besitz ein Benediktiner-Nonnenkloster.
Aus dieser Stiftung ging das bedeutendste Frauenkloster an der Niederelbe, das Alte Kloster, hervor. Noch heute gibt es in Buxtehude die Ortsteile Altkloster und Neukloster.
1285 wurde Buxtehude dann zur Hafenstadt: Im Moor zwischen Geest und Marsch gründete der Bremer Erzbischof Giselbert von Brunkhorst eineinhalb Kilometer von der Ursiedlung entfernt die »Neue Stadt Buxtehude«. Sie wurde als erste deutsche Stadt planmäßig um ein zentrales Hafenbecken angelegt – heute das Fleth.
Unter anderem vom Alten Land erhielt Buxtehude um 1350 Privilegien für den Getreidehandel. Neben Stade wurde Buxtehude so Sammelplatz für das Getreide der Elbmarschen, das von hier aus vor allem in die Niederlande verschifft wurde. So stieg Buxtehude zur Hansestadt auf. 1363 wird sie erstmals als Mitglied der Hanse erwähnt. Nach dem Niedergang der Hanse bestand weiterhin reger Fährverkehr durch umfangreiche Viehtransporte von Jütland bis in die Niederlande. Um 1600 wurden jährlich 20.000 bis 30.000 Ochsen bei Buxtehude über die Elbe gesetzt. Das 18. Jahrhundert brachte durch die Verlagerung des Elbübergangs dichter an Hamburg einen Einwohner-Tiefststand. Doch mit der Industrialisierung blühte Buxtehude wieder auf. Heute hat die Stadt 40.000 Einwohner.
Die historische Altstadt mit der Flethanlage und dem alten Stadtgraben, genannt Viver, ist sehenswert. Wer mehr wissen möchte, für den lohnt sich ein Besuch des Buxtehude-Museums, Stavenort 2 in Buxtehude.

✕ GASTRO-TIPPS ✕

Abthaus
Die Petri-Kirche ist das älteste Gebäude der Stadt Buxtehude. 1296 wird die heute gotische Backsteinbasilika erstmals namentlich erwähnt. Das zweitälteste Haus ist das Abthaus von 1399. Und dort können Sie speisen. Auf historischen Möbeln, Sofas und Bänken, zwischen Fachwerkwänden, Stuckdecken und schönen Türen und Fenstern – oder im Bier- und Kaffeegarten: Kutterscholle oder Blutwurst mit Linsen oder die modernen Gerichte.
Abthaus Buxtehude, Abtstraße 6, Telefon 0 41 61/55 40 77, www.abthaus-buxtehude.de

Hoddows Gastwerk
Hoddows Gastwerk ist im Michelin Guide mit dem Bib-Gourmand ausgezeichnet worden. Das ist eine Art kleiner Michelin-Stern und wird an Restaurants vergeben, die eine gute und preiswerte Küche bis 35 Euro für ein Drei-Gänge-Menü anbieten.
Hoddows Gastwerk, Westfleth 35, 21614 Buxtehude
Reservierungen unter Telefon 0 41 61/50 39 01, www.hoddows-gastwerk.de

Seabreeze
Das Navigare NSB*hotel* ist zwar auf den ersten Blick ein Hotel, aber Essen gehen können hier auch Restaurantbesucher, die nicht im Hause wohnen. Im romantisch ausgeleuchteten Backsteingewölbe befindet sich das Seabreeze Gourmet-Restaurant. Hier gibt es frische leichte Speisen, die Küchenchef Michael Herold dank moderner Garmethoden mit regionalen Produkten zur Saison passend kreiert. Alles für den kleinen Hunger gibt es im Lighthouse Restaurant. Und einige der besten schottischen Whiskys werden in der Lighthouse Bar, gleich gegenüber dem Seabreeze Restaurant, serviert.
Harburger Straße 4, 21614 Buxtehude, Telefon 04161/74900, www.hotelnavigare.com

ZURÜCK INS ALTE LAND

Wenn Sie in der Straße Hinter dem Zwinger geparkt haben, geht es über die Straße Liebfrauenkirchhof links in die Straße Westfleth und an der Ampel einfach geradeaus weiter zurück ins Alte Land. Will man sich den Abstecher in die Buxtehuder Altstadt sparen, biegt man von Moorende kommend einfach dreimal hintereinander rechts ab, dann geht es sofort auf der anderen Seite der Este zurück. An Neuland vorbei führt die Straße bis zu einem Abzweig, wo es in den Ort Estebrügge geht.

UNTERWEGS IN DER II. MEILE
Zwischen Este und Lühe

ESTEBRÜGGE

Estebrügge ist ein schöner Ort zum Erkunden – vorzugsweise zu Fuß oder mit dem Fahrrad, denn es lohnt sich, einmal in die kleinen Straßen und natürlich von der Brücke über die Este ins Wasser des Flusses zu blicken.

Der einstige Estehof ist heute ein privates Wohnhaus.

Dort fällt der Blick dann auf die Rückseite der Häuser, die häufig ihre Terrassen und kleinen Gärten zur Este hin haben.

In Estebrügge war offenbar schon im 12. Jahrhundert eine vielgenutzte Furt in der Este. Ab 1331 wird dann die Brücke erwähnt. Zugleich war die Brücke bis 1873 der einzige Übergang über die Este.

Die St.-Martini-Kirche von Estebrügge liegt im Zentrum des Ortes. 1221 wird sie in einem Zug mit den Kirchen von Jork, Mittelkirchen und Borstel urkundlich erstmals erwähnt. 1625 wurde bei einer großen Flut im Februar die Kirche überflutet. Die Kirche in ihrer heutigen Form ist um 1700 erbaut worden, nachdem der Bau zuvor teilweise zusammengefallen war. Dabei wurden die alten Grundmauern verwendet. Bei Renovierungsarbeiten stellte sich heraus, dass das Kirchenschiff auf drei Reihen Felsen als Grundmauer steht. Die Estebrügger Orgel ist ursprünglich aus der Werkstatt von Arp Schnitger. Sie wurde 1702 gebaut, aber 1906 durch einen Neubau weitestgehend ersetzt. Eine Sanierung bis 1991 ließ den blauen Sternenhimmel am Deckengewölbe wieder erstrahlen.

Im Rahmen eines Dorferneuerungsprogramms Anfang der 1990er Jahre wurde auch das Denkmal zur Erinnerung an den deutsch-französischen Krieg von 1870/1871 vor der Kirche saniert – ebenfalls nicht zum ersten Mal, nachdem es 1895 vor der Kirche erbaut wurde. Vor allem die Köpfe auf dem Durchgangstor sorgen gern für einen kleinen Spuk: Während Wilhelm I. und Friedrich III. ganz fest auf dem Sockel sitzen, soll es schon mehrfach vorgekommen sein, dass Teile von Bismarck und Moltke abgefallen sind. Aber sie werden immer wieder repariert.

Die Namen der Kriegsteilnehmer aus dem Kirchspiel Estebrügge sind in Goldbuchstaben festgehalten, darunter die der fünf Männer, die den »Heldentod für König und Vaterland« starben. Ursprünglich war die Pforte der einzige Zugang zur St.-Martini-Kirche, bis 1960 versperrte ein Graben andere Wege.

In dem schönen Haus in der Estebrügger Straße 87 gab es seit dem 17. Jahrhundert eine Gastwirtschaft. Das Gebäude steht zum Teil unter Denkmalschutz. Viele Hamburger lockte das bekannte Restaurant, das einen eigenen Anleger und einen hinteren Freiluftsitz direkt an der Este hat, schon an. Dann gab es einen Besitzerwechsel. Damit kam es zu einer etwas längeren Pause, während der die Gaststätte wegen Sanierung geschlossen blieb. Heute ist das Gebäude im Privatbesitz. Die Gaststätte ist geschlossen.

AB AUFS WASSER

Raus aus dem Ort Estebrügge geht es weiter über Königreich und Hove gen Cranz. Wenn Sie mit dem Auto unterwegs sind, sollten sie über das Estesperrwerk zurück in die III. Meile fahren. Bis es so richtig ans »Obst« geht, empfiehlt sich nämlich erst noch eine Bootsfahrt.

BUSFAHREN AUF DER ELBE

Die Este Linie brachte in der Anfangszeit oft Obst und Schweine nach Hamburg. Seit den 1930er Jahren nutzten Pendler die Fähre bis Blankenese, um mit der Bahn in die Innenstadt zu gelangen. In den 1950er Jahren wurde der Warentransport auf den Lkw verlagert. Nach dem Bau des Sperrwerks an der Este und des Elbtunnels

1975 fuhren die Pendler überwiegend mit Pkw und Bus in die Hamburger Innenstadt, die Fährverbindung blieb aber nicht zuletzt für den Blütentourismus bestehen. Im Jahr 1963 übernahm die HADAG (einst Hafendampfschiffahrts-Actien-Gesellschaft) die Linie samt Schiffen. Günstiger als mit der Elbfähre lässt sich die Elbe vor dem Estesperrwerk und die Este bis Cranz nicht erkunden.
Preisbeispiel für den Niederelbe-Tarif: Einfache Fahrt Blankenese – Cranz: Erwachsener 5 Euro, Kinder 3 Euro, Fahrrad-Mitnahme: Niederelbe-Tarif.
Den aktuellen Fahrplan gibt es unter www.hadag.de
HVV-Infotelefon 0 40/1 94 49

Am Neuenfelder Hauptdeich gibt es einige Parkplätze. Von dort kann man bis zum Fähranleger Neuenfelde laufen. Die »Ausfahrt« auf dem Wasser führt einen häufig

UNTERWEGS IN DER II. MEILE

vorbei an großen Pötten, die in Richtung Hamburger Hafen oder zurück unterwegs sind, und direkt an den Süllberg von Blankenese, erkennbar an den vielen weißen Häusern am Hang, aus der Nähe betrachtet das Treppenviertel. Und das heißt nicht nur so, sondern hat wirklich mehrere tausend Stufen und viele Treppen zu bieten. Wer mag, kann sich zu Fuß auf Erkundungstour machen. Etwas bequemer ist die Tour mit dem Bus der Linie 48 über die romantisch klingenden Haltestationen Krögers Treppe, Charitas-Bischoff-Treppe, Beckers Treppe und Strandtreppe in Richtung S-Bahn-Station Blankenese. Davor liegt der Blankeneser Busbahnhof, inmitten von kleinen Geschäften und Bars. Dort kann man sich zum Beispiel einen kleinen Kaffee gönnen, bevor es wieder »treppab« gen Strandweg geht. Die Fahrt durch das Treppenviertel ist übrigens etwas für Genies hinter dem Busfahrer-Lenkrad. Im Sommer hat diese Tour durchaus etwas Mediterranes.

> ## ✕ GASTRO-TIPPS: ESSEN AM WASSER ✕
>
> An der Este lässt es sich im Sommer schön am Wasser sitzen. Von der Straße aus nicht zu erkennen, verbirgt sich hinter den Gasthäusern ein Garten direkt am Fluss. Da schmeckt das Essen doppelt gut.
>
> **_Gasthaus zur Post_**
> Estedeich 88, Cranz, Telefon 0 40/7 45 94 09
> www.gasthaus-zur-post-cranz.de
>
> **_Altes Fährhaus_**
> Estedeich 94, Cranz, Telefon 0 40/7 45 91 32
> www.altes-faehrhaus.com

UNTERWEGS IN DER II. MEILE

Zurück zur anderen Elbuferseite kann man tideabhängig auch noch eine Station bis Cranz weiterfahren. Dann geht es durch das Sperrwerk Estemündung, das der Sturmflutsicherung dient. Jedes der Stemmtore, die zusammen geöffnet eine Durchfahrtsbreite von 40 Metern bieten, wiegt 160 Tonnen. Die Brückenklappe hat ein Gewicht von 520 Tonnen. Das Bauwerk wurde zwischen 1996 und 2000 als Ersatz für das alte Sperrwerk aus dem Jahre 1968 errichtet. Dieses lässt sich zum Beispiel auf dem Fußweg von Cranz zum Ausgangspunkt zurück erkunden. Die Brücke dort ist allerdings auch nur für Fußgänger und Radfahrer zu überqueren.

Auf dem Wasser führt der Weg auch direkt vorbei an der traditionsreichen Sietaswerft. Dort werden seit 1635 Schiffe gebaut. Gegründet hat die Werft einst Carsten Sietas. Zunächst wurden hölzerne Boote und Kutter gebaut. Zu Beginn des 20. Jahrhunderts stellte die Sietaswerft die Fertigung auf Stahl um. So wird an manchen Tagen noch fleißig geschweißt, und man kann aus der Ferne die Arbeiter an den großen Schiffen sehen.

ERST DIE ELBE, DANN DAS OBST

Die II. Meile ist zugleich das Herz des Alten Landes, was touristische Angebote angeht. In seiner Mitte, Jork, dreht sich alles um Apfel, Kirsche und Co. Doch es gibt auch Maritimes zu entdecken. Vom Este-Sperrwerk aus führt die Straße direkt am Elbdeich entlang bis zum Lühe-Sperrwerk, bekannt als »LA«, der Lühe-Anleger. Vorher kommt man noch an einer »Insel« vorbei, auf die keiner will: Hahnöfersand.

DIE GEFÄNGNISINSEL VOR DEM ALTEN LAND

Auf der Elbinsel – Anfang der 1970er Jahre wurden Deich und Zufahrtsstraßen so verlegt, dass Hahnöfersand eigentlich gar keine Insel mehr ist – befindet sich eine Justizvollzugsanstalt für Jugendliche und Frauen. Obwohl staatsrechtlich weiter zu Niedersachsen gehörend, ist die JVA eine Hamburger Dienststelle. Der Hamburger Senat erwarb die Insel 1902 von der preußischen Domänenverwaltung. Anfangs diente Hahnöfersand als Lagerstätte für den aus dem Hamburger Hafen gebaggerten Sand. Deshalb ist der »Inselkern« auch heute noch acht Meter höher als das Niveau des

UNTERWEGS IN DER II. MEILE

Alten Landes. 1911 wurde Hahnöfersand an die Hamburger Gefängnisverwaltung übergeben und 1913 kamen die ersten Gefangenen dorthin. 233 Häftlinge finden in der JVA Platz.

Hahnöfersand soll während der Cäcilienflut am 21. November 1412 vom Festland abgetrennt worden sein. Die Sturmfluten sind auch der Grund dafür, dass die Borsteler Kirche nun dort steht, wo sie heute zu finden ist – in der Nähe der Mühle Aurora. Ursprünglich stand die St.-Nikolai-Kirche von Borstel auf Hahnöfersand. Ob sich von ihr auch der Name der Insel herleitet (Hahn över Sand – Hahn über Sand) ist nicht eindeutig belegt. Ihr aktuelles Erscheinungsbild verdankt sie jedenfalls einer umfangreichen Renovierung von 1770/1772. Der Glockenturm stammt aus dem Jahre 1695. Die Schlagglocke der Turmuhr ist eines der ältesten Kirchenstücke des Alten Landes und stammt aus der Zeit um 1200.

Ein Sommerausflug in die maritime Landschaft des Alten Landes führt jetzt weiter an der Elbe entlang. Als Nächstes kommt man zum alten Borsteler Hafen.

Aus der Luft lässt sich die durch Deich und Fahrwege wieder ans Festland gebundene einstige Elbinsel Hahnöfersand ganz gut erkennen. Sie liegt vor Borstel. Weiter zur Elbmitte liegen dann Hanskalbsand, Neßsand und Schweinesand.

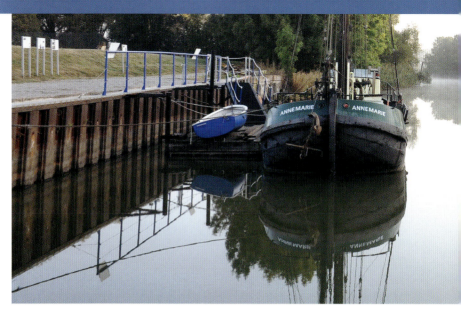

ALTER BORSTELER HAFEN

Dort liegt seit 2007 die schöne ANNEMARIE. Der ganze Stolz des Vereins Borsteler Hafen ist eine alte Tjalk, ein historischer Segler. ANNEMARIE wurde 1893 in Echten/Groningen für den Linienschiffer Jakob Fokkema aus Sneek gebaut. Die Vermessungsnummer ist S 1078 N, der Taufname war TWEE GEBROEDERS und bezog sich auf die beiden Söhne von Jakob und Hinke Fokkema. Am 16. Juli 1925 verkaufte der damalige Eigner Sjoerd van der Meer die Tjalk an den Landwirt Johann Barfels in Borstel-Höhen im Alten Land für den Obsttransport nach Hamburg. Der Name der Tjalk war da FRIEDA. 1938 wurde FRIEDA als Fischereifahrzeug nach Keitum/Sylt an Carl Ingver Holst verkauft und auf den Namen ANNEMARIE getauft. Die ANNEMARIE war danach noch vieles, aber den Namen hat sie nicht mehr geändert. Nach Informationen der rührigen Vereinsmitglieder lebte die Taufpatin Annemarie Holst 2009 immer noch als 90-Jährige in ihrem Haus in Keitum auf Sylt.

Seit 1790 haben einmastige Tjalken wie die ANNEMARIE den Borsteler Hafen angelaufen, auch in den Nebenflüssen war dieser Typ beheimatet. Der Verein Borsteler Hafen wurde im Jahr 2003 gegründet. Seine Mitglieder haben sich zum Ziel der gesetzt, das maritime Erbe zu bewahren und die Wiederbelebung des historischen Hafens in Jork-Borstel zu fördern. Ganz nach dem Motto des Marinehistorikers Peter Tamm, von dem sie ein Zitat ganz oben auf ihrer Internetseite führen: »Jede Generation hat

die Verpflichtung aufzuheben und weiterzugeben.«
Mehr Infos: www.museumshafen-borstel.de
Quasi gleich gegenüber findet sich übrigens die passende Erinnerung an die niederländische Heimat der Tjalk: die Mühle Borstel.

Der Galerieholländer Aurora in Jork-Borstel wurde 1856 erbaut. Die Mühle war aber wohl nicht die erste Windmühle an dieser Stelle. So sollen sich bereits zu Beginn des 17. Jahrhunderts auf dem Borsteler Deich Bockwindmühlen befunden haben. Auf einem viereckigen Backsteinunterbau »schwebt« bei der Aurora eine Galerie. 1961 wurde Aurora stillgelegt. Der Landkreis Stade erwarb 1981 das Baudenkmal. In vier Jahren wurde die Mühle restauriert und seit 1985 der Öffentlichkeit zugänglich gemacht. Seit 1998 befindet sich in den unteren beiden Etagen ein Restaurant, das geschmackvoll eingerichtet ist.

DER MODERNE YACHT-HAFEN

Weiter geht es zu einem ganz modernen Hafen. In Jork-Neuenschleuse ist der Altländer Yachtclub beheimatet. Der Hafen ist tideabhängig und bietet 120 Liegeplätze. Der Weg zum Hafen ist dabei von Land her etwas geheimnisvoll. Zu sehen ist er nämlich erst, wenn der Deich erklommen ist. Dafür gibt es hier die Möglichkeit für ein ganz besonderes Frühstück – mit Blick aufs Wasser.

UNTERWEGS IN DER II. MEILE

Nicht ganz so maritim, dafür mit schönem Wintergarten ist übrigens ein Café, das zwischen Yachthafen und Borsteler Mühle auf der rechten Seite liegt:
Der Obsthof Matthies ist bekannt für seine selbst gebackenen Torten und Kuchen. Für Kinder gibt es hier einen Spielplatz. Außerdem ist das Café behindertengerecht.

✗ GASTRO-TIPPS ✗

Restaurant/Café Die Mühle Jork
Am Elbdeich 1, Jork-Borstel
Telefon 0 41 62/63 95
www.diemuehlejork.de

Möwennest
Direkt auf dem Deich liegt das Möwennest. Das aktuelle Frühstücksangebot lässt sich unter www.cafe-jork.de abrufen. Zu finden ist das Möwennest wie auch der Yachthafen in der Yachthafenstraße 6, Jork.

Obsthof Matthies
Am Elbdeich 31, Jork-Borstel
Telefon 0 41 62/9 15 80
www.obsthof.de

FISCH BEIM LETZTEN ELBFISCHER
DES ALTEN LANDES

Weiter geht es von Jork-Neuenschleuse nach Jork-Wisch. Hier kommt der Zwischenstopp für alle, die Fisch mögen: Der einzige Elbfischer aus dem Alten Land, Lothar Buckow, serviert in seinem Geschäft in Wisch 29b Stint, Aal, Zander, Butt, Barsche, Lachsforellen und Karpfen. Eine Spezialität: geräucherter Stint. Schon im November ist der kleine Meeresfisch in der Elbe vor Jork zu finden. Ende Februar bis März, wenn das Wasser wärmer wird, ist dann die Hauptlaichzeit. Und wie bei den Lachsen gilt auch beim Stint: Sie kommen zum Laichen und Sterben den Fluss hinauf. Nach der Sicherung der nächsten Generation kommt es zu einem Massesterben. Vorher gehen allerdings nicht wenige auch Buckow ins Netz.

Der letzte Elbfischer aus dem Alten Land holt in der Stint-Saison täglich 300 bis 400 Kilogramm der kleinen Fische aus seinen Reusen. Kenner essen den Stint ohne Kopf und Innereien, aber dafür mit Schwanz und Gräten. Seit 1648 hat die Fischerei in der Familie Buckow Tradition – angefangen am Buckower See in Pommern, weitergeführt auf der Elbe mit dem Fischkutter Elise. Und dabei bestimmt der Gezeitenkalender die Arbeitszeiten. Manchmal ist es frühmorgens, mittags oder mitten in der Nacht. Nur im Winter ist mal Pause. Also besser vorher ins Internet schauen oder anrufen.

Elbfischer Buckow, Wisch 29b
Telefon 0 41 62/94 27 10
www.elbfischer-buckow.de

ZUBEREITUNGS-TIPP

Im Norden werden die kleinen Fische meist in etwas Mehl gewendet und anschließend in Butter, wahlweise mit Speck gebraten. Dazu gibt es dann Bratkartoffeln oder Kartoffelsalat und Apfelmus.

UNTERWEGS IN DER II. MEILE

> ### ✕ GASTRO-TIPP ✕
>
> *Stubbe's Gasthaus*
> Auf einem »Schiffsdeck« speisen, inmitten von Obstbäumen, das geht in Stubbe's Gasthaus, Lühe 46 in Jork-Borstel, Telefon 0 41 42/25 35. Etwa Oktober bis Ende März ist hier in der Gaststätte Stintzeit. Der Fisch kommt vom benachbarten Altländer Elbfischer Lothar Buckow. Zu Ostern gibt es natürlich eine »Deichspezialität« – Osterlamm. Das maritime Gasthaus gibt es seit 1839. www.stubbes-gasthaus.de

DER LÜHE-ANLEGER

Die Alternative zu Fisch ist eine Wurst mit Pommes. Und die gibt es zumindest während der Sommersaison zuverlässig am Lühe-Anleger. Es ist schließlich bei vielen der beliebteste Ort an lauen Sommernachmittagen. Hier gibt es am Wasser alles, was das Imbiss-Herz begehrt. Dazu den kostenlosen freien Blick auf die vorbeifahrenden Containerriesen. Wem es nicht ausreicht, den Schiffen von LA, wie der Lühe-Anleger in Anlehnung zu Los Angeles wegen seiner Anfangsbuchstaben genannt wird, zuzuwinken, der kann sie richtig begrüßen: Am Willkomm Höft in Wedel auf der gegenüberliegenden Elbseite. Seit 1952 werden vorbeifahrende große Schiffe am Schulauer Fährhaus begrüßt und verabschiedet, unter anderem mit der Nationalhymne aller voll salutfähigen Schiffe,

TIPP: SCHIFFSANKÜNFTE

Unter www.hafen-hamburg.de/erwartete-schiffe gibt es immer aktuell alle Schiffsankünfte der nächsten 48 Stunden. Neben einem Foto von dem Schiff, das an diesem Tag zu einer angegebenen Zeit im Hamburger Hafen festmachen wird, gibt es auch alle anderen Daten an dieser Stelle, wie etwa den Schiffstyp, das Baujahr, Tiefgang, Breite, Länge und die Info darüber, wann das Schiff zum letzten Mal in Hamburg war.

also mit mehr als 1.000 GT (Gross Tonnage) auf Überseefahrt.

Schiffe auf der anderen Elbseite willkommen heißen

Von Lühe kommt man mit der Lühe-Schulau-Fähre zum Willkomm Höft. Seit 1918 pendelt eine Fähre zwischen den Elbufern und verbindet Niedersachsen mit Schleswig-Holstein. Seit März 2012 ist die neue DAT OLE LAND II im Dienst. Sie bietet 250 Menschen und 70 Fahrrädern Platz – im klimatisierten Fahrgastraum mit Panorama-Glasscheiben oder auf überdachten Sitzplätzen und dem Sonnendeck. Sie ist 35 Meter lang und 450 PS stark. Einmal hin und zurück kostet für Erwachsene sieben Euro, mit Fahrrad zehn Euro.
www.luehe-schulau-faehre.de

TEMPOLIMIT AUF DER ELBE

Einen stationären Blitzer wie auf der Straße gibt es nicht, aber so etwas Ähnliches. Und gegen Raser auf der Elbe haben die Menschen am Elbstrand etwas. Als eines

UNTERWEGS IN DER II. MEILE

Nachts plötzlich Steine auf den Platz am Lühe-Anleger geschwemmt und eine Betonabsperrung wie Spielzeug weggerissen wird, steht schnell fest: Das Wasser muss zeitweise einen Meter hoch auf dem Platz gestanden haben. Ein Containerschiff war der Verursacher. Immer wieder wird der Platz überflutet, weil Schiffe zu schnell vorbeifahren. Die Tempovorgaben sehen auf der Elbe vor Hamburg maximal zwölf Knoten (etwa 22 Stundenkilometer) vor.

Ein Sommertag am Lühe-Anleger ist wie ein Kurzurlaub am Meer. Viele kommen immer wieder und finden Freunde unter Fremden. Manche sind mit dem Wohnmobil da. Andere fahren zwei- oder dreimal die Woche mehr als 200 Kilometer hin und zurück, um die Schiffe zu beobachten und bei einem der Imbissstände Mittag zu essen. Oder sie kommen und führen ihren Oldtimer oder ihr Motorrad aus.

WARNUNG VOR SOG UND SCHWELL

Besonders für Kinder und Hunde ist das Baden in der Elbe durch den Schiffsverkehr leider sehr gefährlich. Gekennzeichnet wird das durch viele Warnschilder, auf denen auf Sog und Schwell hingewiesen wird. Das Phänomen lässt sich am Lühe-Anleger ganz gut beobachten: Kommt ein großes Schiff auf der Elbe vorbei, zieht sich das Wasser erst zurück, in Richtung Containerschiff. Die Welle, die man erwartet, kommt erst danach. Wie bei einem Mini-Tsunami. Der Sog kann je nach Größe und Geschwindigkeit des Schiffes auch gute Schwimmer mitziehen. Und die Welle kommt erst am Ufer an, wenn das Schiff schon längst weg ist und keiner mehr damit rechnet.

ZU FLUSS INS ALTE LAND

Mit dem Naturerlebnisschiff TIDENKIEKER gibt es zur Blütezeit ein besonderes Erlebnis. Vom Lühe-Anleger fährt das Schiff zunächst in Richtung Hamburg. Dann geht es in Richtung Este. Durch das Sturmflutsperrwerk des Elbe-Nebenflusses geht es zu Wasser bis ins Herz des Alten Landes. Kehrt macht das Naturerlebnis-Schiff in der Este dann an der Hove-Brücke. Die Tour dauert vier Stunden.
Kontakt: Verein zur Förderung von Naturerlebnissen
www.verein-naturerlebnisse.de
Buchungen über die Stade Tourismus-GmbH, Hansestraße 16, Stade
Telefon 0 41 41/40 91 70

OHNE SCHARFE BIENEN LÄUFT NICHTS

Sollten Sie eine der Touren durch die Obstplantagen mit einer ortskundigen Reiseführerin wählen, dann kommt es vielleicht zur Sprache: Die Bienen haben im größten zusammenhängenden Obstanbaugebiet Nordeuropas – mit dieser Formulierung versucht man einen Streit zwischen dem Alten Land und dem größeren Anbaugebiet in Südtirol zu umschiffen – eine tragende Rolle. Nur bei guter Befruchtung gibt es eine gute Ernte. Um die Bienen so richtig scharf auf die richtigen Blüten zu machen, wird ihnen im Alten Land schon einiges geboten. Aber mit dem »Ausschank« von Kräuterlikör an die fleißigen Völker schaffte es der Obstbau dann in alle Schlagzeilen.

Bienen und Birnenbäume wurden zur Blüte mit Kräuterschnaps eingesprüht. Hintergrund ist, dass die Bienen einen Duft schnell erlernen und einige Kräuterliköre tatsächlich eine gewisse Attraktivität für die Insekten haben. Schließlich ist ein Teil Zuckerwasser ja mit drin, und das hat schon erste Tests bei Bienen Anfang des 20. Jahrhunderts bestanden.

Der Schnaps wurde mit Wasser verdünnt und versprüht – etwa eineinhalb Flaschen auf zehn Liter. Das reicht übrigens nicht, um den Bienen einen Schwips zu verpassen. Und es soll tatsächlich klappen: Auf Kräuterlikör eingestellt, lassen die fleißigen Bienchen den Löwenzahn links liegen und konzentrieren sich voll auf die Obstblüte. Zur Serienreife hat es dieser Versuch aber nicht geschafft.

FÜHRUNG DURCH IMKEREI

Wer einmal den Honigbienen bei der Arbeit ganz nah kommen möchte, kann an einer Imkereiführung teilnehmen. Hier wird gezeigt, wie der Honig geerntet wird. Neben einer Kostprobe gehört ein Besuch der Bienenstöcke dazu, und wenn es gerade möglich ist, gibt es auch die Gelegenheit, einen Blick in den Bienenstock zu werfen – mit der richtigen Schutzkleidung, die zur Verfügung gestellt wird.

UNTERWEGS IM OBSTBAU

AUSFLUGSTIPP IMKEREI

Zweistündige Imkereiführungen für Gruppen ab 8 bis etwa 15 Personen (pro Person 11 Euro) nach vorausgegangener Anmeldung:
Kerstin und Kay Hintz, Ort 19, Mittelnkirchen, Telefon Büro 0 41 42/81 26 34

BIENE VS. HUMMEL

Übrigens gab es im Alten Land auch schon Tests, ob die Hummel nicht effektiver arbeiten könnte. Schließlich fliegen Bienen erst ab zwölf Grad Celsius.

Kirschblüten

Birnenblüten

Die norddeutsche Hummel ist ab acht Grad im Einsatz. Allerdings ist die Bestäubung nicht alles, denn auch die Obstblüte braucht gewisse Temperaturen zur Befruchtung.

DIE KIRSCHEN

Im Alten Land werden etwa auf 600 Hektar Kirschen angebaut. Das entspricht rund fünf Prozent der Obst-Anbaufläche an der Niederelbe. Johanna, Valeska und Erika heißen die ersten schönen Früchtchen des Jahres etwa Mitte Juni. Anfang Juli kommen dann die »Knupperkirschen« – besonders große Früchte mit dem Namen Regina, Oktavia oder Karina. Die dunkelrote Regina ist auch eine waschechte Altländerin, gezüchtet in den 1950er Jahren. Die meisten angebauten Kirschen sind heute Süßkirschen. Sauerkirschen zum Einmachen spielen fast keine Rolle mehr. Kirschen sollten übrigens nach dem Kauf möglichst schnell gegessen werden. Oder aber in den Kühlschrank wandern. Dort halten sie sich zwei bis drei Tage.

Auf Kirschen stehen natürlich auch die Stare. Die schlauen Vögel scheinen sich zur Kirschernte quasi im Alten Land zu verabreden. Landstriche der Geest sind während der Kirschsaison Starenfrei. Damit die Tiere nicht zu viele Kirschen fressen, sind mehr als zwei Drittel der Plantagen eingenetzt. Dazu kommen teilweise Dächer über den Kirschen. Denn wenn der Regen ausgerechnet dann kommt, wenn die Süßkirschen reif sind, platzt die sensible Fruchthaut auf. Zehn Prozent der Süßkirschenanlagen im Alten Land werden deshalb trotz der hohen Investitionskosten mit einem Dach gegen Regen geschützt.

PFLAUMEN

Der Anbau von Pflaumen spielt im Alten Land eine untergeordnete Rolle. Ihr flächenmäßiger Anteil sank von rund 37 Prozent im Jahr 1938 auf nur noch 2,3 Prozent. Vor dem Krieg waren vor allem Engländer Abnehmer der Pflaumen und Zwetschen – angeblich um ihren Plumpudding damit herzustellen. Doch ein Pflaumenkuchen mit Sahne, den lässt sich an der Niederelbe so schnell keiner entgehen. Die Saison beginnt im August und geht bis in den September. Zum Naschen gibt es sie in den vielen Altländer Obsthöfen direkt vom Erzeuger – Auch das ein echter Genuss.

DER ALTLÄNDER APFEL UND SEIN TRESOR

Der Apfel dominiert im Alten Land. An der Niederelbe macht dieses Obst gut 90 Prozent des Anbaus aus. Schließlich ist der Apfel auch das Lieblingsobst der Deutschen – über das ganze Jahr gesehen. Der Pro-Kopf-Apfel-Verbrauch liegt im Durchschnitt bei zehn Kilogramm. Doch schrumpelig darf der Apfel auch im Frühjahr noch nicht sein. Und deshalb werden die Äpfel zum Schlafen gelegt. Ein Kühlhaus der Erzeugerorganisation Elbe Obst steht in der Jorker Ortsmitte. Einer von rund 50 Kühlräumen nimmt 630 Megakisten mit je 330 Kilogramm Inhalt auf. Wem welche Äpfel gehören, steht auf den Kisten. Beim Lagern wird nämlich zuerst nach Sorten sortiert. Das liegt vor allem an der unterschiedlichen Lagertemperatur.

Blick von oben in einen der Lagerräume des »Apfel-Tresors« in Jork – bevor er verschlossen wurde.

Elstar mag es kalt

Elstar zum Beispiel, mit einem Flächenanteil von 30 Prozent die wichtigste Apfelsorte im Alten Land, mag es kühl, lagert im Kühlhaus mit gesteuerter Atmosphäre bei 3,4 Grad Celsius. Wärmer mögen es Boskoop oder Cox Orange mit vier bis fünf Grad. Richtig kalt liebt es Braeburn mit weniger als 0,8 Grad Celsius. Der Winterglockenapfel lagert bei etwa einem Grad und dafür etwas länger, denn während der Lagerung wird Säure abgebaut. Ab Dezember, eher erst im frühen Jahr, wird diese Sorte aus dem Schlaf geholt. Zum Schlafen werden die Äpfel samt Luft auf ihre Tiefschlaftemperatur heruntergekühlt. Dabei bleiben alle Fenster und Türen geschlossen. Dann »atmen« die Äpfel

den letzten Sauerstoff weg. Für den Menschen wird der Raum lebensgefährlich – Erstickungsgefahr in Sekunden. Erst nach 24 Stunden Belüften kann der Inhalt wieder geborgen werden, der bis dahin aber sauerstofffrei gut schläft und dabei so richtig knackig bleibt. Übrigens kann man das Kühlhaus, in dem jeder der Obstbauern der Erzeugerorganisation sich mit Anteilen eingekauft hat, auch als Obsttresor bezeichnen. Denn natürlich hat der Inhalt dieses Apfellagers seinen Wert. Bis so ein Apfel hier in der Kiste liegt, vergeht ein ganz schön langer Weg. Und nur einmal im Jahr kann die Ernte für die Mühe eingefahren werden.

APFELBLÜTE

Wenn das Alte Land richtig aufblüht, dann ist das schon rein flächenmäßig zur Apfelblüte. Nach der Statistik des Obstbauversuchsrings des Alten Landes beginnt die

UNTERWEGS IM OBSTBAU

Apfelblüte im Mittel am 5. Mai. Vollblüte ist dann um den 14. Mai, und am 22. Mai ist – im Mittel! – alles vorbei. Das Wetter macht natürlich den Blütenreigen, nicht der Kalender.

BLÜTENFEST UND BLÜTENKÖNIGIN

Das Altländer Blütenfest findet seit 1981 immer am ersten Sonnabend im Mai zu der Zeit von Kirsch- und beginnender Apfelblüte statt. Ein Höhepunkt ist die Krönung der neuen Altländer Blütenkönigin. Danach gibt es einen großen Umzug durch den Ort. Für das Amt können sich junge Frauen über 18 Jahre aus dem Alten Land bewerben. Alle Blütenköniginnen seit 1990 sind auf der Internetseite www.majestaeten-altesland.de mit Foto zu finden. Hier gibt es auch immer aktuelle Nachrichten zum nächsten Blütenfest.

TRACHTEN

Die Blütenkönigin trägt den »Flunkkranz« auf dem Kranz. Den trugen die Bräute im Alten Land traditionell zur Hochzeit. Die zwei Flügel, so vermutet der Heimatforscher und Gründer der Altländer Trachtengruppe Hinrich Behr aus Jork, gehen auf die holländischen Vorfahren zurück. Der Flunkkranz der Blütenkönigin ist Originalen

nachempfunden, die nicht alle so bunt besetzt waren, manchmal aber sehr edel daherkommen. Aus dem Besitz von Hinrich Behr stammt dieser Flunkkranz (Foto), der mit Perlen und Silberdraht verziert ist. Das Oberteil des Flunkkranzes wurde mit zwei Meter langen Leinenbändern auf dem Kopf festgebunden. Dabei war unbedingt zu beachten, dass die »Flunken« senkrecht standen.

Kopfbedeckung bei Trauer und Halbtrauer (vorn).

Zur Hochzeit ging die Braut im Alten Land in Schwarz. Über dem schwarzen Rock trug sie demütig eine schwarze Seidenschürze. Erst nach der Trauung, dem Essen und dem Brautleute-Tanz wechselte sie die Kleidung. Von da an trug sie die weiße Festtagsschürze und wohl auch zum ersten Mal einen roten Rock als Zeichen der verheirateten Frau.

Hinrich Behr hat schon Bücher über die Altländer Trachten geschrieben. Er zeigt seine Stücke auch immer wieder in Ausstellungen. Die Truhe ist ein Beispiel dafür, wie die Aufbewahrungskoffer für die Aussteuer aussahen.

Von 1840 bis 1860 war die farbigste Trachtenzeit im Alten Land. Überhaupt hat sich die Mode immer weiterentwickelt und lässt sich auch nur schwer datieren, da es immer Überschneidungen gab und das Wissen weitestgehend aus Überlieferungen der Altländer von Generation zu Generation stammt. Hinrich Behr hat alte Noten- und Tourenbücher durchgearbeitet, um die Form des Tanzes vor 1800 nachzuvollziehen. Zuerst wurden höfische Tänze im Alten Land getanzt. Die Röcke begannen am Rücken fast an den Schultern und ließen die Frauen nicht immer vorteilhaft aussehen. Oft entstand dadurch am Rücken eine Art Buckel. Die farbige Zeit der Trachten liegt zwischen 1840 und 1860. Die Schwarze Tracht, wie sie heute meist wiedergegeben wird, entstand zwischen 1850 und 1880.

Ohne Kopfbedeckung ging die Altländerin übrigens nie aus dem Haus. Über einer passenden Mütze, deren Verzierungen viel erzählen konnten, etwa ob die Frau Trauer (bei nahen Verwandten dauerte diese ein Jahr) oder Halbtrauer trug, wurde eine Art Stirnband getragen. Halbtrauer folgte im Anschluss an die Trauerzeit oder zeigte den Tod entfernterer Verwandter.

Altes Foto mit Frauen in Altländer Tracht beim Kaffeekränzchen aus dem Familienbesitz von Hinrich Behr

Das mit Pappe verstärkte Brusttuch wurde zu Festtagen unter die Jacke gelegt und mit einer Litze verschnürt. Um den Hals trugen die Frauen eine aus Tuch geformte Wulst, die es später auch zum fertigen Anlegen gab. Das Tuch wurde um den Hals gelegt und eingehakt. Über den Rückenzipfel gehörte ein Doppelknoten. Die beiden seitlichen Zipfel wurden auf den Schultern mit Nadeln befestigt.

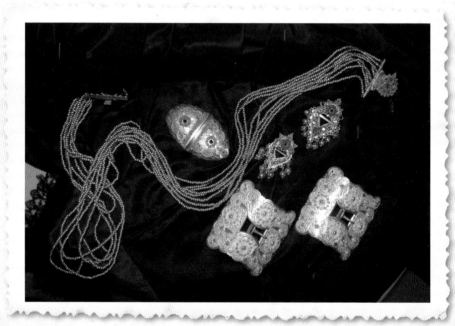

Unterhalb dieses Wulsttuchs wurde die Hemdspange getragen, ein reich verziertes Schmuckstück. Zu festlichen Anlässen trugen die Frauen außerdem Halsketten verschiedener Ausführungen. Es gab Bernsteinketten oder auch Silberketten, oft mehrreihig. Auch die Verschlüsse, die am Nacken saßen, waren reich verziert.

Dazu kamen Schuhschnallen, vieles wie die Ärmelknöpfe aus Filigran. Immer ein Dutzend gehörte bei den Ärmelknöpfen zusammen. Die Filigranknöpfe kamen aus Buxtehuder Goldschmiedewerkstätten, wo für die Herstellung eines einzigen Ärmelknopfes angeblich zwei Arbeiter zwei Tage Zeit brauchten. Wer genau hinsieht, kann die Mühe zumindest etwas nachvollziehen:

In diesen umstickten Löchern wurden die Filigran-Ärmelknöpfe befestigt. Wie man sieht, an jedem Ärmel sechs. Häufig wurde der Schmuck auch innerhalb der Familie zu besonderen Festtagen ausgeliehen.
Die Männer sehen in Tracht übrigens unscheinbarer aus. Bemerkenswert: Der Mann trug Kniebundhose, mit weißen oder schwarzen Kniestrümpfen.

ALTLÄNDER GÄSTEFÜHRER IN ALTLÄNDER TRACHT

Die letzte Altländerin, die Tracht trug, starb 1941. Heute sind aber noch Gästeführer(innen) in Tracht unterwegs. Oft gibt es auch die Gelegenheit, bei öffentlichen Festen die Altländer Volkstanzgruppe in Aktion zu erleben.
Kontakt: Tourist-Info Altes Land, Osterjork 10, Jork
Telefon 0 41 62/91 47 55
info@mein-altes-land.de, www.altlaender-gaestefuehrungen.de

Rund um den Apfel

FROSTSCHUTZ FÜR BLÜTEN

Die Gefahr nächtlicher Fröste zur Blütezeit ist im Frühjahr immer gegeben. Gefahr droht bis Ende Mai. Und so schützen die Altländer ihr zukünftiges Obst mit ausgeklügelten Frostschutz-Beregnungsanlagen. Und so funktioniert es: Wenn es friert, prasselt bis zum Morgen ein künstlicher Regen auf die Obstbäume nieder, immer mehr Eis umhüllt die Knospen. Und dadurch entsteht eine schützende Erstarrungswärme. Der wirkliche Erfolg hängt vom Entwicklungsstadium der Blüte ab. Damit die Obstbauern ausreichend Wasser zur Beregnung zu Verfügung haben, sind die Gräben zur Blütezeit geflutet.

ZIERÄPFEL ZUM BESTÄUBEN

Pünktlich zum Blütenreigen ziehen die Bienen durch die Baumreihen. Zwischen Stängel und Stempel wächst an den befruchteten Blüten die Frucht. Als Pollenspender stehen in den Plantagen übrigens oft Zieräpfel, selten auch andere Bestäuberapfelsorten. So passt zum Elstar zum Beispiel der Gloster oder der Topaz.

UNTERWEGS IM OBSTBAU

Warmes Wetter – mild, aber nicht zu warm – ist für die Befruchtung perfekt. Dabei werden die Pollenkörner durch Insekten oder Wind aus den Staubgefäßen auf die Narbe transportiert. Der Pollenschlauch bildet sich aus und wächst durch den Griffel zum Fruchtknoten, um sich mit der Eizelle zu vereinigen. Nach der Befruchtung entwickelt sich aus der Blüte die Frucht.
Damit nur die schönsten Früchte heranreifen, wird später ausgedünnt, und dann geht es etwa im September zur Ernte.

Wenn der Trecker-Obstexpress mit leeren 330-Kilogramm-Kisten durch die Apfelplantagen schaukelt, kann das ein bisschen romantisch wirken. Manchmal dürfen hier Touristen mitfahren. Aber es beginnt auch eine Zeit harter Arbeit. 300.000 Tonnen Äpfel müssen in der Region jetzt bis zum einsetzenden Frost vor dem Winter gepflückt werden – am besten schnell. Dafür kommen jedes Jahr Erntehelfer, vor allem aus Rumänien und Polen, ins Alte Land. Die perfekte Pflücktechnik bedarf schon einiger Übung. Wer es richtig machen will wie die Profis, heuert einmal in einer Obstplantage an und lässt es sich vom Obstbauern zeigen – vielleicht ja am eigenen Patenapfelbaum.

Das erste Kunststück beim Pflückeinsatz ist, den Apfel mit einem Finger am Stielansatz zu drücken und dann so zu drehen, dass bei beidhändiger Pflückführung ruckzuck ein unversehrter Apfel in jeder Hand liegt. Ohne Stiel pflücken kann übrigens jeder, aber dann faulen die Früchte vielleicht später im Lager. Und eine halbe Erntekrone aus Blattgrün darf auch nicht sein. Das zweite Kunststück heißt: den Rest hängenlassen. Während zwei sorgsam abgedrehte Äpfel in die Hände fallen, machen sich nicht selten vier andere selbstständig und plumpsen auf den Boden. Runtergefallene Früchte sind aber wertlos. Sie haben Druckstellen und würden im Lager faulen. So kann man auch ein Kilo Ernte vernichten, wird aber garantiert kein Freund Altländer Obstbauern.

Die perfekt gepflückten Äpfel vom Baum landen zuerst in kleineren Pflückkisten. Die mit dicker Plane weich gepolsterten Plastikkisten haben unten einen Klappboden. Die Klappe bildet ein Seitenteil, an dem sich eine Art offener Sack anschließt.

UNTERWEGS IM OBSTBAU

Öffnet der Pflücker die Kiste an der Unterseite, rollen die Äpfel langsam durch den Schlauch in die große Holzkiste.

SORTENÜBERBLICK

Äpfel sind der Deutschen Lieblingsobst. Der Pro-Kopf-Verbrauch liegt bei gut zehn Kilogramm pro Jahr. Dahinter folgen Bananen und Orangen. Doch der Apfelkonsum ist von der Tendenz her eher rückläufig, die Deutschen essen allgemein etwas weniger Obst. Eine Apfelsorte trotzt dem Trend seit Jahren – der Elstar. Dabei hat dieser Apfel oft noch nicht alles zu bieten, was der Markt heute verlangt: knackig frische, süße und vor allem rote Äpfel. Der Rotanteil bei den Apfelsorten nimmt immer mehr zu, weil es den Verbraucher anspricht. Früher waren die roten Äpfel häufig die mit der Tendenz zum Mehligen. Doch das hat sich längst geändert. Die Farbe bekommen die Äpfel übrigens durch den Wechsel von Sonne am Tag und den kühleren Nächten.

Der Apfel gehört zur Familie der Rosengewächse. Malus sieversii gilt als Vorfahre des heutigen Apfels. Die alten Apfelsorten entstammen dem Zufall. Bäume dieser Sorten wurden zufällig wild wachsend gefunden und nach dem Umpflanzen in Siedlungen weiterkultiviert. Bevor es richtige Züchtungen gab, wurde durch gezielte

Samenauswahl bei der Aussaat eine Sorte entwickelt. So entstand etwa um 1825 die Sorte Cox Orange.

Bei den alten Obstsorten sah quasi jede anders aus. Die Apfelbäume blühten zu unterschiedlichen Zeiten und hatten gegenüber Krankheiten verschiedene Resistenzen zu bieten. Heute fällt es schon schwer, die vielen rotbackigen Äpfel auseinanderzuhalten. Und so setzen manche auf die Einzigartigkeit durch Aufkleber. Daran lässt sich dann mit einem Handgriff erkennen, welche Sorte vorliegt. Am häufigsten geschieht das bei den sogenannten Clubsorten.

Honeycrunch

Im Alten Land wird etwa »Honeycrunch« als Clubsorte angebaut. Das bedeutet unter anderem, dass die Obstbauern umfangreiche vertragliche Bindungen eingehen müssen, um Bäume dieser Apfelsorten anpflanzen zu können. Dafür gibt es durch eine Einschränkung des Marktes höhere Preise. Die Lizenz für Honeycrunch liegt bei der französischen Organisation Pomanjou. Der Apfel hat auch eine eigene Internetseite: www.honeycrunch.fr/de. Die Sorte entstand 1960 im US-amerikanischen Minnesota. Zuchtziel waren Geschmack und Winterfrosthärte. Die Sorte schmeckt süß und extrem saftig und ist dabei sehr knackig.

Elstar ist mit fast einem Drittel der Anbaufläche im Alten Land die stärkste Apfelsorte. Rund 80.000 Tonnen werden an der Niederelbe von dieser Sorte jährlich geerntet. Dabei ist der Ursprungs-Elstar den Einkäufern des Lebensmitteleinzelhandels nicht mehr rot genug. Mindestens 30 Prozent Rotfärbung sucht die Branche. Durch eine Auswahl von Ästen mit jeweils besonders roten Äpfeln ist es gelungen, Mutanten der Sorte mit mehr Rotfärbung zur Verfügung zu stellen. Der Verbraucher greift nachweislich zum schön rotbackigen, knackigen Apfel.

Kanzi erfüllt diese Ansprüche problemlos. Trotz seiner Zweifarbigkeit ist er gleichmäßig rot und rund. Kanzi ist eine Kreuzung aus Gala und Braeburn. Um ihn ganzjährig verkaufen zu können, wird auch in Chile und Australien produziert, und auch er ist eine Clubsorte. Also gilt: Obstbäume für den eigenen Hausgarten gibt es davon nicht zu kaufen. Und was ohnehin nicht hilft: Aus einem Kern einer Apfelsorte wird nicht zwangsläufig ein Baum dieser Sorte.

DAS BOOMGARDEN-PROJEKT

Damit es die Bäume alter Sorten auch in Zukunft zu kaufen gibt, braucht es Menschen wie Eckart Brandt. Seit 1985 hat er in seinem Boomgarden-Projekt hunderte von alten Obstsorten gesammelt. Viele galten schon als verschollen und wurden ihm von Resthofbesitzern häufig eher zufällig überbracht. Seit 2012 gibt es nun den Boomgarden-Park, eine knapp vier Hektar große Fläche zwischen Stade und Harsefeld, direkt an der Landesstraße. Als Hoch- und Halbstämme sollen hier etwa 250 alte Sorten von Äpfeln, Birnen, Pflaumen und Süßkirschen überleben, die im Ertragsanbau keine Chance mehr haben. Dazu gehören auch schon der stark rückgängige Winterglockenapfel und Gloster. Gloster wurde 1951 an der Obstbauversuchsanstalt Jork im Alten Land bei Hamburg gezüchtet. Er ist matt dunkelrot und hat auch eine Glockenapfel-Form.

Viele alte Sorten treffen einfach nicht mehr den überwiegenden Verbraucher-Geschmack. Einige Obstbauern versuchen, noch ein paar Äpfel der alten Sorten anzubauen. Doch die Nachfrage, selbst im Direktverkauf, ist zu gering, betonen die meisten. In den Hausgärten mit regionalen Unterschieden sind die alten Sorten allerdings gute Alternativen. Man kann sich auch von einem Pomologen beraten oder die alte Lieblingssorte im Garten bestimmen lassen. Kontaktadressen zur jeweiligen Region gibt es im Internet unter www.pomologen-verein.de

Eckart Brandt bietet auch eine Form des Patenapfelbaums an, bei dem allerdings nicht der eigene Baum geerntet wird, sondern ein gemeinsames Fest stattfindet.

Eckart Brandt, Pomologen-Verein, Großenwörden, Telefon 0 47 75/5 38, eckart-brandt@web.de

EINIGE BEKANNTE SORTEN

RUBINETTE
Die Rubinette wurde gezüchtet aus Golden Delicious und Cox Orange. Die rundlichen Früchte sind gelblichgrün mit rötlichen Streifen, auf der Sonnenseite etwas stärker gerötet. Das feste und knackige Fruchtfleisch ist sehr saftig und extrem aromatisch.

JONAGOLD
Die Früchte sind groß bis sehr groß mit einer grüngelblichen, zur Sonnenseite hin karminroten und wachsigen Schale. Das Fruchtfleisch ist gelblich, süß-saftig, aromatisch und fest.

JONAGORED
ist etwas rötlicher und länger lagerfähig als sein großer Bruder. Während beim Jonagold die Größe stark variieren kann, ist der Jonagored meist einheitlich groß. Bei Jonagold ist der Geschmack süß, feinsäuerlich.

RED PRINCE
ist inzwischen keine Clubsorte mehr. Er wurde 1994 entdeckt und ist ein Mutant der Sorte Jonagold. Seine Deckfarbe ist rundum tiefrot und weitgehend einheitlich. Das Fruchtfleisch ist cremefarben, knackig und saftig. Red Prince hat einen süßlichen Geschmack. Und er lässt sich gut lagern.

UNTERWEGS IM OBSTBAU

COX ORANGE
Der Cox Orange ist ein Klassiker. Er ist aromatisch, fein-säuerlich bis würzig. Aufgrund seines niedrigen Allergengehalts soll er für einige Apfelallergiker genießbar sein. Der Cox Orange zählt zu den alten Apfelsorten. 1825 züchtete ihn Richard Cox in England. Als eine der wenigen alten Sorten hat der Cox Orange im kommerziellen Obstanbau noch eine Chance, und das liegt an seinem großartig-intensiven Geschmack. Das Fruchtfleisch ist etwas weicher als bei den modernen Sorten.

ELSTAR
Sein Fruchtfleisch ist fest und saftig, der Geschmack fein säuerlich-würzig. Die Schale ist kräftig. Er ist eine Kreuzung aus Golden Delicious (1890) und Ingrid Marie. Elstar ist eine 1955 in den Niederlanden am Institut für gärtnerische Pflanzenzüchtung in Wageningen gezüchtete und 1972 ins Zuchtbuch eingetragene Apfelsorte, die eine weite Verbreitung gefunden hat. Es gibt ihn in inzwischen auch in komplett rot – als neue Mutanten.

HOLSTEINER COX
Der Apfel wurde um 1900 in Schleswig-Holstein als Sämling eines Cox Orange gezogen. Sein Erkennungszeichen ist die Berostung an Stiel- und Kelchgrube. Mit Berostung werden verkorkte Zellen auf der Fruchtoberfläche beschrieben. Die Schale ist dann rau und leicht gräulich-braun. Im Handel schreckt das viele ab. Geschmacklich hat die Berostung aber keinen Einfluss auf die Qualität. Der Holsteiner Cox schmeckt sehr aromatisch, würzig-fruchtig und feinsäuerlich. Sein saftiges Fruchtfleisch ist gelb bis cremefarben. Er ist ein idealer Bratapfel, schmeckt aber auch aus der Hand.

INGRID MARIE

Das grünlich- bis cremefarbene Fruchtfleisch ist eher weich, säuerlich-saftig und aromatisch. Ein dänischer Lehrer soll diesen Zufallssämling um 1910 entdeckt und nach seiner Tochter benannt haben. Ingrid Marie gilt im Anbau als schwieriger Apfel mit Ertragseinbußen durch Faulen am Baum. Und die Alternanz ist groß. Unter Alternanz versteht man die Schwankung des Fruchtertrages im zweijährigen Rhythmus an Obstbäumen, insbesondere beim Kultur-Apfel.

WINTERGLOCKENAPFEL

Der Apfel ist glockenförmig und hat eine grün-gelbe Grundfarbe. Manchmal kommt ein bisschen rote Deckfarbe dazu. Der Geschmack ist säuerlich-erfrischend, das Fruchtfleisch nicht so saftig wie bei anderen Sorten. Er hat eine besondere Form, die ihm den Namen gegeben hat. Der Apfel ist im Oktober pflückreif und ab Dezember genussreif. Im Kühllager kann er bis Juni gelagert werden – was ihn nur süßer macht. Ein bisschen Säureabbau durch die Lagerung bekommt dieser Sorte nämlich ganz gut. Dann aber eröffnet er eine neue Geschmacksdimension.

BOSKOOP

Früchte mit matter, grüner Grundfarbe. Die Schale ist rau. Boskoop hat einen sehr hohen Vitamin-C-Gehalt und schmeckt säuerlich-herb. Er ist der Klassiker für Bratäpfel und Apfelkuchen. Der Boskoop ist eine der wenigen alten Sorten, die sich gehalten haben. Bereits 1856 soll der fruchtende Trieb eines Wildlings in Boskoop in den Niederlanden entdeckt worden sein.

UNTERWEGS IM OBSTBAU

TOPAZ
Der Topaz ist eine recht junge Apfelsorte mit gelber Grundfarbe und roten Streifen. Sie wurde 1984 in Tschechien gezüchtet. Die Schale neigt dazu, von Natur aus etwas wachsig zu werden. Topaz schmeckt süßlich bis leicht säuerlich.

FUJI
Bei Fuji handelt es sich um eine japanische Sorte, die sich aber auch im Alten Land heimisch fühlt. Die Früchte sind von mittlerer Größe und leicht asymmetrisch. Die hellgrüne Schale mit purpurroten Streifen ist fest und duftend. Das Fruchtfleisch ist fest, etwas grünlich und aromatisch. Der Geschmack ist süß, der Säuregehalt sehr niedrig.

GALA
fühlt sich in der Hand ganz glatt an. Das gelbe Fruchtfleisch ist fest und nicht ganz so saftig, dafür aber feinsüß-aromatisch. Gala ist sehr gut lagerfähig, hat wenig Säure und ist typisch rotgestreift.

BRAEBURN
Der Apfel wurde 1952 von einem Obstbauern in Neuseeland wohl mehr durch Zufall gefunden und von der Baumschule Williams Brothers in Braeburn danach für den Export angebaut. Als eine der Eltern- oder Großelternsorten wird Cox Orange vermutet. Die Früchte haben ein knackig festes Fruchtfleisch.

> **TIPP**
>
>
>
> Eine App mit Apfelfinder haben Elbe-Obst und der Tourismusverein für Smartphones und Tablet-Computer herausgebracht. Mit ihm kann jeder, der auf der Suche nach seinem persönlichen Lieblingsapfel ist, aus einer breiten Palette an Sorten seinen Favoriten herausfinden. Dafür wird aus den angegebenen Kriterien das richtige Symbol ausgesucht und die Holzkiste gepackt – schon kommt das Ergebnis. Auch alle registrierten Obsthöfe lassen sich mit der App finden. Und es gibt den aktuellen Veranstaltungskalender. Das Herunterladen der App ist kostenlos.
> Tourist-Info in Jork, Osterjork 10, Telefon: 0 41 62/91 47 55

EIN PAAR BESONDERE ALTLÄNDER FRÜCHTCHEN

Mondäpfel

Mondäpfel gibt es nur einmal in jeder Pflücksaison, aber die pflückt Claus-Peter Münch auf seiner Obstbaumplantage in Hollern mit viel Liebe. Schon viele Medien haben über den Bio-Obstbauern berichtet, der nachts und bei Vollmond pflücken lässt: Mit Hilfe von LED-Stirnlampen und Lagerfeuern sowie dem Mondlicht natürlich. Und so wird aus einem Jonagored-Apfel ein Mondapfel. Seit 2002 gibt es die nächtliche Ernte von Äpfeln, wenn der Mond kreisrund am Himmel steht. Schließlich ändert sich bei Vollmond auch nachweislich der Stammumfang, weil der Saftdruck zunimmt. Wer also sein Leben nach dem Mondkalender ausgerichtet hat, der kann sich mit dem Mondapfel beglücken lassen. Und zumindest das sollen Mondäpfel auch noch sein: besonders haltbar.

Claus-Peter Münch bei der Vollmondapfelernte in Hollern.

Kontakt: Bio Obsthof Münch, Siebenhöfen 29, Hollern, Telefon 0 41 41/7 06 10
www.mondapfel.de

UNTERWEGS IM OBSTBAU

Herzäpfel

Ein Altländer Obstbauer und der Bikini-Effekt: Hein Lühs aus Jork hat den Apfel mit Herzchen erfunden: ein schöner roter Apfel, auf dessen knackiger Schale ein gelbes Herz oder wahlweise ein anderes Symbol zu sehen ist. Der Trick: Bevor die Äpfel »erröten« hat Lühs eine Schablone angebracht. So hinterlässt das Herz wohl wie ein Bikini beim Sonnenbad seine Spuren. Inzwischen gibt es die Äpfel auch mit Laser beschriftet. Die genaue Geschichte mit den Herzäpfeln lässt man sich vom Obstbauern Lühs am besten selbst erzählen: Bei einer zweistündigen Führung mit ganz vielen Extras rund um den Herzapfel-Garten.

Kontakt: Hein Lühs,
Osterjork 102
Telefon 0 41 62/2 54 82 00
www.herzapfelhof.de

Arndt Weßel destilliert aus Altländer Obst Aromen und macht Hochprozentiges vor den Augen von Gästen zum Geschmackserlebnis.

Edles flüssiges Obst

Wer einmal hochprozentiges Obst in flüssiger Form erleben möchte, der kann Destillateurmeister Arndt Weßel bei der Herstellung von Spezialitäten rund um Knupperkirsche und Finkenwerder Herzprinzapfel »über die Schulter schauen«. In seiner Erlebnisbrennerei gibt Weßel Einblick in die Geheimnisse der Spirituosenherstellung.

Die Brennerei befindet sich in Jork, Osterjork 140. www.nordik-edelbrennerei.de

Apfelbaum-Patenschaften

Es gibt inzwischen viele Höfe, die Apfelbaum-Patenschaften anbieten. Meist bekommt der Pate eine Urkunde mit Angaben zum Baum. Der Baum selbst wird auch gekennzeichnet. Meist kann man auch noch die Sorte aus einer Auswahl heraussuchen – nicht ganz unwichtig, denn 20 Kilogramm Ertrag sind quasi im Preis enthalten. Dieser liegt meist so zwischen 44 und 50 Euro pro Jahr. Die meisten Patenbaum-Höfe im Alten Land feiern die Ernte mit einem Hoffest. Ein Klassiker unter den Patenbaum-Höfen ist der Obsthof Axel Schuback. Der Gärtnermeister mit Fachrichtung Obstbau bietet übrigens auch regelmäßig Schnittkurse an. Hier erfahren Hobby-Gärtner, wie ihr Obstbaum noch mehr trägt.

Apfelpatenhof im Alten Land
Hinterdeich 172, Jork-Mittelnkirchen
Telefon 0 41 62/91 11 05

Axel Schuback zeigt den richtigen Obstbaumschnitt.

UNTERWEGS IM OBSTBAU

PICKNICK IN DER PLANTAGE

Ein Trend der vergangenen Jahre ist das Picknick unter blühenden Obstbäumen. Das bieten inzwischen viele Obsthöfe an und die meisten werben damit schon am Eingang.
Ein besonders umfangreiches Picknick und nebenbei noch die Möglichkeit zur Abnahme des Apfel-Diploms gibt es im
Obst- und Picknickparadies Familie Ulrike Schuback in Jork, Westerjork 81
Telefon 0 41 62/3 70
www.obstparadies-jork.de

RUNDFAHRTEN

Es gibt Altländer Blütentouren mit dem Bus, aber auch mit der Altländer Bimmelbahn. Diese öffentlichen Bahn-Rundfahrten durch das Alte Land sind nicht, wie es zunächst scheint, auf die Schiene angewiesen. Die Gästeführung durch die Obstplantagen und zu Obsthöfen, Hofläden, Prunkpforten und Kirchen findet auf zwölf kleinen Reifen statt. Halteschilder sind überall wiederzufinden. Aber der Veranstalter weist darauf hin, dass es besser sei, vorher schon Karten zu reservieren.
Telefon 0 41 64/87 95 25
www.altlaender-bimmelbahn.de

DIEKPEDDER

Altländer Äpfel lassen sich auch außerhalb des Alten Landes kaufen. Damit lassen sich Bratäpfel machen und Apfelkuchen. Eine typische Altländer Spezialität ist der Diekpedder. Kurz gesagt ist das ein Schnapsglas Obstler (am besten aus dem Alten Land) gemischt mit 0,2 Liter naturtrüben Apfelsafts. Manche trinken ihn kalt als Aperitif, andere klassisch heiß zum Aufwärmen nach einem norddeutschen Herbsttag zur Ernte in der Plantage. Den Apfelsaft gibt es im Alten Land in Flaschen zu kaufen, aber auch in den praktischen Saft-Beuteln, die sicher in einem Pappkarton lagern. Aus dem Hahn lässt sich der Saft dann bequem zapfen. Na, dann Prost – ob mit oder ohne Obstler beziehungsweise Apfelbrand

TIPP: OBSTMARSCHENWEG

Von Hamburg aus bis Stade geht mitten durch das Alte Land auch der Obstmarschenweg. Er führt den Besucher wie ein roter Faden durch Francop, Neuenfelde, Jork, Mittelkirchen, Steinkirchen und Hollern-Twielenfleth. Von Stade aus geht die 100 Kilometer lange Strecke, zu erkennen an einem Apfel-Logo mit dem Schriftzug Obstmarschenweg, noch weiter bis Balje. Entlang der Route, die gut mit dem Auto zu erfahren ist, sind viele Obsthöfe und Sehenswürdigkeiten zu finden. Es lohnt sich aber auch, einmal von der Strecke abzuweichen und das ganze Alte Land zu entdecken, sonst fehlt einem schnell die maritime Seite dieser abwechslungsreichen Region.

UNTERWEGS IN DER II. MEILE

JORK

Jorks St.-Matthias-Kirche

Die St.-Matthias-Kirche von Jork steht auf einer künstlichen Erhöhung zum Schutz gegen Hochwasser. Das Kirchenschiff stammt aus zwei Bauabschnitten von 1664 und 1709. Der 35 Meter hohe Glockenturm ist aus dem Jahr 1685. Zuletzt wurde er 1998/99 umfassend saniert.

Im Inneren hat die Kirche einen spätbarocken Altar, der 1710 von dem gebürtigen Jorker Ehepaar Claus und Anna Schuback gestiftet wurde. Das Kaufmannsehepaar erhielt als Dank einen Ehrenplatz in der Kirche. Aber ohnehin tragen die Stuhlwangen die eingeschnitzten Namen der früheren Mieter. Durch kleine Türen gelangt man in die Bankreihen.

Die von Harensche Prieche diente als abgesonderter Sitzplatz zuerst Matthäus von Haren. Von Haren war Gräfe – ein vom Landesherrn eingesetzter Amtsträger – im Alten Land. Er erbaute 1651 den Harenschen Hof. Heute ist dies das Rathaus von Jork.

Der Gräfenhof

Er heißt heute der Gräfenhof, aber das Gebäude, in dem nun die Verwaltung der Gemeinde Jork ihren Sitz hat, hatte schon viele Namen und Besitzer. Vermutlich schon bei der Gründung des Dorfes hatte der Siedlungsführer an dieser Stelle seinen Sitz, verbunden mit einigen Vorzügen.

Erstmals schriftlich erwähnt wird das Kirchspiel Mayorica im Jahr 1220. Laut der von Julius Quast und Gina Lang erfolgten Geschichtsaufarbeitung für die Gemeinde war Jork ein typisches Reihendorf mit 3,8 Kilometern Länge. In der Mitte wurde es von einem vom Geestrand kommenden Bach (heute die Wettern) in zwei gleich lange Teile geteilt. Diese hießen Oster- und Westerverendell. In der Mitte entstand der Sitz der Steuereinnehmer, der Majoricus. Sein Hof habe curia majorica, der Ort bald villa majorica geheißen, und daraus entstand allmählich der Ortsname Jork.

Das heutige Erscheinungsbild des Gräfenhofs hat Jork aber Matthäus von Haren zu verdanken. Der Sohn des erzbischöflichen Vizekanzlers und Bürgermeisters von Stade (ab 1624) ließ den Herrensitz anstelle älterer Gebäude als Gräfe des Alten Landes wohl kurz nach 1651 bauen. Gräfen waren die vom Landesherrn eingesetzten Beamten, die bis 1866 im Alten Land Steuereinnahmen, Rechtsprechung und Deichaufsicht regelten. Das Besondere des Gebäudes ist die zweigeschossige Fachwerkbauweise des schmalen Wohngebäudes, dessen Eingang via Wasserweg mit einem Kahn über die repräsentative Freitreppe erreicht werden konnte. Im rechten Winkel wurde das Langhaus als Stall- und Wirtschaftsgebäude angefügt. Dieses Langhaus war wohl einmal 30 Meter lang, mit 15 Metern Giebelbreite. Doch 1963 wurde das Langhaus bis auf eine Restlänge von neun Metern abgebrochen. Dennoch blieb die T-Form erhalten.

Das heutige Rathaus trägt über der großen Tür auf der dem Fleet abgewandten Seite ein doppeltes Familienwappen in der gekrönten Mitte. Neben dem der Familie von Haren mit drei Spindeln oder drei Dengeleisen – hier gibt es regional unterschiedliche Interpretationen – ist das Zeichen des westfälisch-niedersächsischen Adelsgeschlechts von Borries mit drei Brackenköpfen zu sehen. Dies ist heute der Eingang in den zentralen Raum des Rathauses einer Diele gleich.

Der Gräfenhof steht seit 1980 für alle Bürger als Rathaus offen. Doch 1971 sah es gar nicht gut aus für das Gebäude. Der Haren'sche Hof war damals nicht mehr

bewohnbar. Er war baufällig. Da kaufte ihn die Gemeinde und sanierte den Hof bis 1978. Unter anderem wurde ein Giebel aus einem abgebrochenen Bauernhaus aus Westerjork umgesetzt. Er bildet heute den schönen Rahmen für die Groot-Dör (auf dem Foto, Ausgang links). Die kleinere grüne Tür ist eine Altländer Brauttür aus dem Jahr 1823, die zuvor in eben jenem umgesetzten Giebel des Westerjorker Bauernhauses in der Mitte eingebaut war.

Wehrt'scher Hof in Borstel, Große Seite 8.

Eine weitere, komplett erhaltene Gutsanlage dieser Art ist der sogenannte Wehrt'sche Hof in Borstel, Große Seite 8. Er befindet sich in privatem Besitz. Neben der schönen Eingangstür hängt eine Plakette, die ihn als einzigen insgesamt erhaltenen Herrensitz des Alten Landes aus dem 17. Jahrhundert auszeichnet.

Hochzeit im Alten Land

Nicht nur die Blüten im Frühjahr bilden die perfekte Kulisse für eine Hochzeitsfeier im Alten Land. Hier gibt es unzählige schöne Fotomotive und viele Gelegenheiten, den schönsten Tag im Leben unvergesslich werden zu lassen. So heiraten längst nicht nur »Einheimische« im Alten Land. Seitdem die Formalitäten deutlich reduziert wurden, haben sich auch schon Urlaubsgäste im Alten Land spontan entschlossen, unter die Haube zu kommen.

In Jork steht das Heiraten schließlich auch in einer ganz besonderen Tradition. Wer sich im Trauzimmer des Gräfenhofs das Ja-Wort gibt, der bewegt sich auf den Spuren Gotthold Ephraim Lessings.

Als Lessing Baden ging

Der Schriftsteller und Philosoph Gotthold Ephraim Lessing (1729–1781) heiratete am 8. Oktober 1776 im Sommerhaus der Familie Schuback nach einer fünfjährigen Verlobungszeit Eva König. Der Bankier und portugiesische Generalkonsul Johannes Schuback, richtete die Hochzeit aus. Doch beinahe, so erzählt man sich im Alten Land, wäre die Hochzeit wohl ins Wasser gefallen. Bei einem Spaziergang mit Eva König soll Lessing beim Überspringen eines Grabens ins nicht ganz klare Wasser gefallen sein. Gerade eben konnte Schuback die Abreise des zornigen Dichters verhindern. Und so hängt heute eine Kopie der Beurkundung im Trauzimmer des Gräfenhofs (von der Tür aus gleich links).

Das Sommerhaus der Familie Schuback brannte 1883 ab. Heute steht auf dem Gelände in Westerjork das Gebäude der Sparkasse mit einem Gedenkstein.

Ein Erinnerungsstück gibt es aber für Lessing wie für jeden anderen, der in Jork heiraten möchte und sich etwas ganz Besonderes anschaffen möchte: eine Hochzeitsbank. Diese kann sich jeder, der sich selbst ein Denkmal zum Hochzeitsdatum setzen will, kaufen. In die Bank werden die Namen und der unvergessliche Tag auf ein grünes Schild geschrieben. Die weiße Bank wird dann an prominenten Orten im Alten Land aufgestellt, etwa auf dem Estedeich bei Estebrügge, vor der St.-Matthias-Kirche in Jork oder vor der Kirche in Grünendeich. Von vielen Brautpaaren wird sie immer wieder am Hochzeitstag besucht. Die Lessingsche Bank steht direkt vor dem Rathaus.

Marschhufendörfer: Jork und Ladekop

Die Anordnung von Jork und Ladekop ist parallel zueinander. In Jork wie auch im Ortsteil Ladekop wird nach Ost und West unterschieden. In Jork bildet der Kreisel am Gräfenhof, dem Rathaus, den Punkt zwischen Osterjork (Richtung Königreich und Neuenfelde) und

Prunkpforte vor schmuckvollem Giebel in Osterjork.

UNTERWEGS IN DER II. MEILE

Fachwerkhaus in Osterjork.

Bei so viel Symmetrie lohnt sich auch ohne Blüte eine kleine Rundfahrt.

Die Prunkpforte vor dem Museum Altes Land in Jork.

Westerjork (Richtung Lühe und I. Meile). In Ladekop ist die Kreisstraße 26 die Achse zwischen Osterladekop und Westerladekop. Beide Orte sind in der Ursprungssiedlung Marschhufendörfer mit absolut linearer Anordnung. An ihren Hauptstraßen finden sich bis heute schöne Gebäude, gepaart mit dem klassischen Gesicht des Obstbaus und den geraden Baumreihen.

Museum Altes Land
Alles über die Entwicklung des Alten Landes lässt sich im Museum Altes Land in Jork erforschen. Es ist seit 1990 im sogenannten Kohlmeier'schen Hof von 1825 untergebracht. Ab 1978 war das Haus nicht mehr bewohnt. Es zerfiel und musste 1983 von der Feuerwehr teilweise abgebrochen werden. Die Altländer Sparkasse erwarb das Haus von der Gemeinde zum symbolischen Preis von einer Mark und richtete mit der Kommune das Museum ein. Der Boden wird heute für Konzerte und Ausstellungen genutzt, mit der Prunkpforte und der Durchfahrtsscheune von 1590, die dort 2001 wiedererrichtet wurde, ist eine kleine Hofstelle wiederentstanden.

UNTERWEGS IN DER II. MEILE

Das Museum in Westerjork 49 hat von April bis Oktober täglich außer montags von 11 bis 17 Uhr, im Winter nur mittwochs, sonnabends und sonntags von 13 bis 16 Uhr geöffnet.

Historische Spezialitäten

Goldball, Duwicker Möhre, Ulmer Ochsenhorn und Crapaudine. Farblich stehen die historischen Gemüsesorten den Altländer Früchtchen in nichts nach. Tonda di Chioggia sieht von innen sogar aus wie ein Himbeer-Sahne-Bonbon. Weiße und dunkelrosa Ringe wechseln sich im essbaren Teil des Wintergemüses ab. In Sterne-Restaurants werden aus den Rübchenscheiben bunte Gemüsechips gemacht.

✕ GASTRO-TIPP ✕

Hotel Altes Land

Um das Bewahren fast vergessener Dinge geht es im Hotel Altes Land. Das dortige Restaurant lockt mit vergessenen Genüssen der regionalen Küche. Ganz bewusst werden Gerichte mit von den Märkten verschwundenen Obst- und Gemüsesorten gekocht, und mit dem Fleisch vom Bunten Bentheimer Schwein und Texelschaf. In der Wintersaison gibt es regelmäßig umfangreiche Genießer-Büfetts mit historischen Grünkohlspezialitäten. Ganz neu ist der Einsatz von historischen Gemüsesorten wie bunten Rübchen, die übrigens auch aus dem Alten Land kommen – aus Königreich. Das Hotel Altes Land ist mit den vergessenen Genüssen Gewinner des Carlsberg-Preises 2011 für das beste Gastronomiekonzept der fünf norddeutschen Dehoga-Landesverbände und Sieger im Dehoga-Wettbewerb Regionale Küche Niedersachsen 2011 und 2012.
Hotel Altes Land, Wilhelm Wehrt, Schützenhofstraße 16 in Jork, Telefon 0 41 62/9 14 60
www.hotel-altes-land.de

Wenn sich die Blüten in den Obstplantagen öffnen, dann laden immer mehr Obsthöfe dazu ein, es sich zwischen den Bäumen gemütlich zu machen. Dieses Foto entstand auf dem Obsthof Quast, Hinterbrack 20. Bei Sonnenschein geben die Obstkisten zusätzlich Windschutz. Die Familie Quast serviert selbstgebackene Torten und Kuchen mit Kaffee – mitten in der Plantage.

Jork hat einen Obstlehrpfad. Dieser liegt am Westerminnerweg. Bei einem Spaziergang können sich die Besucher über den Obstbau im Alten Land informieren. Auf 1,5 Kilometern Strecke stehen neben Obstbäumen Schautafeln mit Texten, Bildern und Grafiken.

Wenn Sie die Ortsmitte von Jork besuchen, empfiehlt sich ein Besuch des Fachgeschäfts „Fleischerei Röhrs«. Dieser Betrieb gilt mit über 300 Jahren als älteste Fleischerei in Norddeutschland. Hier wird mit Fleisch aus der Region in eigener Hausschlachtung Leckeres nach alten Familienrezepten hergestellt. Spezialitäten des Hauses sind zum Beispiel die Altländer Mettwurst, Katenschinken aus dem Buchenrauch und die beliebte luftgetrocknete Jorker Mettwurst.

Die Fleischerei Röhrs befindet sich am Fleet 2 in Jork.

Ein echter Krimi im Alten Land

Krimi-Autoren sind sich einig: Wenn man den Stoff als Buch veröffentlicht hätte, wäre das gutes Lesefutter geworden. So aber ist die Realität scheinbar wie in der Tintenwelt-Trilogie der deutschen Autorin Cornelia Funke in die Wirklichkeit gekrabbelt. Zwei Traditionsgasthäuser mitten in Jork liegen seitdem in Schutt und Asche. Zuerst brannte der Altländer Hof in Osterjork nieder. Zwei Wochen, bevor das denkmalgeschützte Fachwerkhaus von 1758 zwangsversteigert werden sollte. Parallel ermittelte die Staatsanwaltschaft Stade gegen die Eigentümerin wegen Anstiftung zum

UNTERWEGS IN DER II. MEILE

versuchten Mord an ihrem ehemaligen Lebenspartner. Genau ein Jahr nach dem Anschlag mit einem Messer auf den Mann aus Hamburg brannte dann ein zweites bekanntes Restaurant: der Herbstprinz war nicht zu retten. Irgendwann soll er wieder aufgebaut werden … Für unzählige Hamburger war der Herbstprinz zuvor ein Ausflugsziel, mit dem sie viel verbinden – unter anderem wurden in dem schönen Fachwerkhaus gern Hochzeiten gefeiert.

Der Altländer Krimi sorgte in den Jahren 2011 und 2012 für immer neue Nahrung für Spekulationen – nicht zuletzt, weil viele Details vor Gericht in Stade öffentlich wurden. Nach der Begutachtung von Telefonabhörprotokollen und den Aussagen der Gerichtsmediziner, Angeklagten und Zeugen schien es sich am Ende um eine Beziehungstat zu handeln, die bei der personellen Ausstattung bis auf den Hamburger Kiez reichte. Doch die glasklare Aufklärung wie beim abendlichen Tatort im Fernsehen gelang nicht. So bleibt vielleicht immer ein Geheimnis um die Häuser.

AN DER LÜHE ANGEKOMMEN

Die Lühe lässt sich an einigen Stellen queren. Einmal auf der anderen Flussseite beginnt der letzte Meilenschritt der Reise durch das Alte Land: die I. Meile mit ihren schönen Häusern und ganz vielen Möglichkeiten für Radtouren. Aber natürlich sind gerade die Radwege »grenzübergreifend«.

RADFAHREN IM ALTEN LAND

Es gibt kaum eine schönere Möglichkeit, als das Alte Land bei schönem Wetter im Frühjahr mit dem Rad zu erkunden.

DER ELBE-RAD-WANDERBUS

Der Elbe-Radwanderbus fährt von April bis Oktober. Er bietet Platz für 16 Fahrräder und 46 Personen und hält an 37 Haltestellen zwischen Harsefeld und Natureum/Oste-Sperrwerk. Rund 70 Kilometer ist die Strecke lang. Teilstrecken können mit Rad oder Bus zurückgelegt werden.

Auch Spaziergänger können sich mit dem Radwanderbus ganz bequem zu zahlreichen Attraktionen oder dem Ausgangspunkt für die nächste Entdeckertour bringen lassen. Die Haltestellen des Elbe-Radwanderbusses sind mit dem Logo gekennzeichnet.

Der Elberadweg verläuft parallel zum Elbe-Radwanderbus, aber auch zahlreiche weitere Radwege lassen sich mit dem Bus kombinieren wie etwa die Obstroute. Eine Tageskarte für den Radwanderbus kostet für eine Person vier Euro (ab sechs Jahren). Die Familienkarte ist – für maximal zwei Erwachsene plus drei Jugendliche bis 14 Jahre – für neun Euro direkt beim Busfahrer erhältlich. Die Buslinie startet am Bahnhof in Harsefeld und führt über Jork, Grünendeich (Lühe-Anleger), Stade, Drochtersen, Wischhafen, Freiburg bis zum Natureum Niederelbe. Ein Faltblatt mit Fahrplan und Streckenführung gibt es als Download im Internet. Es kann auch beim Tourismusverband Landkreis Stade per E-Mail oder telefonisch unter Telefon 0 41 42/81 38 38 angefordert werden.

www.elbe-radwanderbus.de

Kleine Pause?
>>Elbe-Radwanderbus!

Der **Freizeitbus mit Fahrradanhänger** in der Urlaubsregion Altes Land am Elbstrom.

Von April bis Oktober (Sa, So, Feiertags), mit Anschluss an S-Bahn / Metronom in Horneburg und Stade, Lühe-Schulau-Fähre sowie die EVB in Harsefeld.

Tourismusverband Landkreis Stade / Elbe e. V.
Tel.: 04142 / 813838
www.elbe-radwanderbus.de

Im Frühjahr lockt ein Meer aus weißen und rosa Blüten, im Sommer und Herbst locken die frischen Früchte. Apfel- und Kirschbäume, reich verzierte Altländer Fachwerkhäuser, schmucke Kirchen mit prachtvollen Orgeln und Hofläden voller regionaler Köstlichkeiten bestimmen das Bild der Obstroute durch das Alte Land.

In zwei Schleifen von 37 und 36 Kilometern führt die Tour durch den Obstgarten, entlang der sich zur Elbe schlängelnden Flüsse Schwinge und Lühe oder dem großen Strom selbst. Immer an der Este entlang ist Buxtehude über einen Abstecher zu erreichen, ebenso die Hansestadt Stade mit dem historischen Hansehafen.

Ein guter Startpunkt ist für beide Schleifen der Lühe-Anleger. Immer am Elbdeich entlang geht es auf der nördlichen Schleife zunächst nach Twielenfleth. Die Hansestadt Stade mit historischer Innenstadt und maritimem Flair lädt zu einem Besuch ein. Ab Horneburg geht es auf dem Lühedeich

OBSTROUTE

UNTERWEGS MIT DEM RAD

nach Steinkirchen mit der malerischen Hogendiekbrücke. Weiter auf dem Lühedeich ist bald wieder die Elbe in Sicht.

Die südliche Schleife verläuft zunächst durch Obstplantagen, über Mittelnkirchen bis nach Jork. Von Estebrügge aus bietet sich der Abstecher nach Buxtehude an. Zurück an der Elbe geht es entlang des Estedeiches bis nach Cranz. Ab dort verläuft die Obstroute wieder in weiten Teilen direkt am Elbdeich. Auf dem Rückweg geht es wieder zum Lühe-Anleger. Die Strecken führen durch die flache Marschlandschaft und verlaufen meist auf verkehrsarmen und befestigten Wirtschaftswegen und Nebenstraßen sowie am Deich entlang.

INFO FÜR RADFAHRER

Das wirklich gut gemachte Radmagazin »Rückenwind« mit vielen Anregungen zum Radfahren im Landkreis Stade gibt es kostenfrei bei den Touristinformationen der Region, kann aber auch beim Tourismusverband Landkreis Stade/ Elbe in Grünendeich unter 0 41 42/81 38 38 oder info@tourismusverband-stade.de bestellt werden. Es bietet unter anderem Anregungen für Tagestouren, die bis auf die Geest und nach Kehdingen führen. Außerdem sind in dem Heft »Bett & Bike Unterkünfte« aufgeführt, die als Übernachtungsmöglichkeit dienen und alle besonders auf Radfahrer eingestellt sind. Für 3 Euro gibt es außerdem eine detaillierte Freizeitkarte in der Touristinfo, die Radtouren auch über das Alte Land hinaus zeigt.
Weitere Infos: www.radeln-altesland.de, www.elbe-radwanderbus.de
www.metropolregion.hamburg.de/radfahren

ELEKTROFAHRRÄDER HELFEN TRETEN

Bequemer ist es ja mit dem E-Bike. Das Elektrofahrrad unterstützt die natürliche Tretbewegung und macht so manchen Gegenwind zum Lüftchen. Gäste können in der Urlaubsregion Elektroräder entleihen oder ihren Akku an verschiedenen Infostellen kostenlos aufladen.

UNTERWEGS MIT DEM RAD

🛏 FERIENDORF ALTES LAND 🛏

Das Feriendorf Altes Land direkt am Elbdeich in Hollern-Twielenfleth vermietet unterschiedlich große, komplett eingerichtete Ferienhäuser für die jeweiligen Eigentümer an Feriengäste. Die kleinen Fachwerkhäuser sind für bis zu sechs Personen eingerichtet.
Telefon 0 41 41/79 80, info@feriendorf-altesland.de, www.feriendorf-altesland.de

Aufladestationen für E-Bikes

Aufladen können E-Bike-Besitzer ihre zugstarken Drahtesel auch in Stade bei der Stade Tourismus GmbH, Hansestraße 16, Telefon 0 41 41/40 91 70, info@stade-tourismus.de, www.stade-tourismus.de

oder im Haus der Maritimen Landschaft Unterelbe, Kirchenstieg 30 in Grünendeich
Telefon 0 41 42/81 38 38, info@tourismusverband-stade.de, www.urlaubsregion-altesland.de

oder in der Tourist-Info Altes Land, Osterjork 10 in Jork, Telefon 0 41 62/91 47 55
info@mein-altes-land.de, www.mein-altes-land.de

Alle Infos zum Thema E-Bike sowie weitere Serviceinformationen für Radfahrer unter:
www.radeln-altesland.de

DIE SAMTGEMEINDE LÜHE

Zur Samtgemeinde Lühe gehören die sechs Mitgliedsgemeinden Grünendeich, Guderhandviertel, Hollern-Twielenfleth, Steinkirchen, Neuenkirchen und Mittelkirchen. Hier stehen entlang der Straßen viele schöne Häuser. Um die Kulturlandschaft Altes Land zu erhalten, hat der Rat der Samtgemeinde Lühe im Jahr 2011 einstimmig das »Leitbild für die Kulturlandschaft Altes Land« und die »Altländer Charta« beschlossen – ebenso wie die Gemeinde Jork. Unter anderem heißt es dort in Artikel 4: »Zeugnisse der Geschichte und einzelne Elemente der Kulturlandschaft sind zu erhalten und dem Bewusstsein der Bevölkerung, hier insbesondere der nachwachsenden Generationen, aber auch den Gästen näherzubringen. Die Einzigartigkeit der Baudenkmale ist herauszustellen und deren Erhalt ist zu sichern.« Außerdem wurde eine Baufibel erstellt, die helfen soll, »die charakteristischen Besonderheiten und die Alleinstellungsmerkmale des Alten Landes allgemein und insbesondere die der Bebauung bei der Bevölkerung, den Bauinteressierten und den im Bauwesen tätigen Personen stärker bewusst zu machen«.

Diese Prunkpforte steht in Mittelnkirchen.

LU – DIE LÜHE

Der alte Name von Mittelnkirchen ist übrigens Media Lu, wobei Lu für den Fluss Lühe steht. Entsprechend hießen Steinkirchen Lu lapidea und Neuenkirchen Nova Lu. Die Lühe war also schon immer für die Orte prägend. Neuenkirchen und Mittelnkirchen liegen auf der östlichen Seite der Lühe. Überquert man sie, ist man in der I. Meile Alten Landes angekommen. Dort sind dann Grünendeich, Guderhandviertel, Steinkirchen und Hollern-Twielenfleth zu finden.

UNTERWEGS IN DER I. MEILE
Zwischen Lühe und Schwinge

Der schönste Weg über die Lühe ist die Hogendiekbrücke. Sie ist allerdings nur für Fußgänger und Radfahrer gemacht. Wenn Sie mit dem Auto unterwegs sind und nach ihr suchen, fahren Sie am besten vom Lühe-Anleger kommend über Grünendeich in Richtung Steinkirchen. Auf Höhe des Abzweigs Postweg von der Straße Bürgerei können Sie einen Parkplatz suchen. Ab jetzt geht es zu Fuß weiter. Der Weg dorthin ist unscheinbar. Aber Sie erkennen ihn an den weißen Zäunen und einem grünen Wegweiser. Und es sind wirklich nur ein paar Meter …

Die Hogendiekbrücke ist das wahrscheinlich meistfotografierte Bauwerk im Alten Land. Besonders zur Blüte werden Fotografen aktiv und suchen nach Blüten und der Brücke. Ehrlich gesagt gibt es nur einen Obstbaum in direkter

UNTERWEGS IN DER I. MEILE

Nähe, und die Brücke ist auch nicht so alt wie sie vielleicht wirkt. Die aktuelle Holzbrücke wurde 2014 errichtet. Das Vorgängermodell stammte aus dem Jahr 1975.

Aber wo Sie schon einmal zu Fuß unterwegs sind: Laufen Sie doch ein bisschen auf dem Lühedeich entlang. Es gibt so viel Schönes am Wasser zu entdecken. Wäre es nicht nett, hier zu wohnen?

✗ GASTRO-TIPP ✗

Hotel Windmüller

Nett sitzen lässt es sich im Restaurant und Hotel Windmüller am Kirchweg in Steinkirchen, gleich in der Nähe. Auf der Speisekarte befinden sich unter anderem Gerichte vom Galloway-Rind aus eigener Zucht. Selbstgebackener Kuchen wird bei schönem Wetter draußen unter Birnbäumen serviert. Der Weg zum »Windmüller« führt durch eine Prunkpforte. Bei schlechterem Wetter gibt es aber auch etwas zu entdecken. An der Wand des Restaurants hängt der 200 Jahre alte Minutenzeiger des Hamburger Michel. Die Weinkarte ist sehr umfassend.
Hotel Restaurant Windmüller, Kirchweg 3, Steinkirchen
Telefon 0 41 42/8 19 80
www.hotel-windmueller.de

STEINKIRCHEN

Die Gemeinde Steinkirchen trägt die Kirche im Wappen. Lu lapidae oder Steenlu, später Steenkarken und schließlich Steinkirchen verdankt seinen Namen offenbar der aus Stein gebauten Kirche, so vermutete es jedenfalls der Altländer Heimatforscher Hans Peter Siemens. Für die St. Martini et Nicolai zu Steinkirchen wurden um 1386 Feldsteine zum Bauen verwendet.

Die St.-Martini-et-Nicolai-Kirche hat gleich zwei Schutzpatrone. Nikolaus steht dabei als Schutzpatron für Seefahrer, Schiffer und Kaufleute. Der heilige Martin ist unter anderem Schutzpatron für Bauern und Müller.

Der hölzerne Glockenturm ist wie so oft im Alten Land nicht mit dem Kirchenschiff verbunden. Er wurde 1696 fertiggestellt und ist 47 Meter hoch. Nur ein paar Jahre zuvor, 1687, wurde die Arp-Schnitger-Orgel eingeweiht. Sie war aber nicht die erste Orgel in der Kirche.

Im Archiv der Kirchengemeinde befindet sich ein Schriftstück von 1581, das den Auftrag an den Hamburger Orgelmacher Dirck Hoyer wiedergibt. Er solle einen

Umbau der damals vorhandenen Orgel vornehmen. Zur Zeit Arp Schnitgers muss die Orgel in einem so schlechten Zustand gewesen sein, dass man 1685 mit dem Orgelbauer Schnitger einen Vertrag über einen Neubau abschloss. Nach aufwendigen Restaurierungen ist die Orgel heute nahezu so erhalten wie sie zu Schnitgers Zeit geklungen haben mag. 1733 wurde – so heißt es im Orgelführer der Kirche – die Orgel »an den Seiten herum mit Brettern auf Gardinen-Art bekleidet«. Das entspricht dem heutigen optischen Erscheinungsbild des Orgelbereichs.

BRONZEFIGUREN DES KÜNSTLERS CARSTEN EGGERS

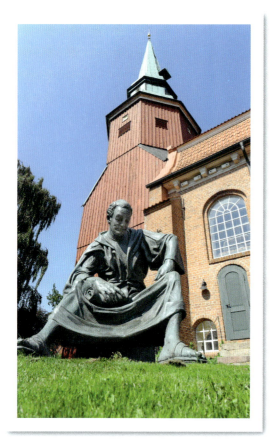

Neben der Steinkirchener St.-Martini-et-Nicolai-Kirche steht seit 1993 eine 2,20 Meter hohe Bronzefigur des Bildhauers Carsten Eggers. Der im Alten Land aufgewachsene Künstler hat mit nur 17 Jahren das Wappen für die Gemeinde Jork entworfen. Außerdem sind von ihm im Alten Land und Umgebung noch weitere Figuren aus Bronze zu finden, die immer ganz entspannt dazusitzen oder dazustehen scheinen. Wie etwa auch »De ole Schipper« im Estebrügger Ortskern auf der Bank oder der Flethenkieker, der in Buxtehude ins Wasser des Fleths zu spucken scheint.

✗ GASTRO-TIPP ✗

Café Adelheid
In Steinkirchen am alten Marktplatz bietet sich eine kleine Kaffee-Pause im schön restaurierten historischen Fachwerkhaus an.
Adelheid Schuback
Alter Marktplatz 12, Steinkirchen
Telefon 0 41 42/8 89 49 50

UNTERWEGS IN DER I. MEILE

Bekannt geworden ist der 1957 geborene Eggers auch, weil er die Bronze-Büste von Rudi Carrell und das Denkmal von Box-Legende Max Schmeling erstellt hat.

Die Skulptur des Mönchs Heinrich ist ein Symbol für die holländischen Kolonisten, die urkundlich belegt ab 1113 begannen, das Alte Land urbar zu machen. Eine exakte Kopie der Bronzefigur steht seit dem Jahr 2001 vor einer Kirche im niederländischen Rijnsaterwoude.

GRÜNENDEICH

Grünendeich liegt gleich hinter Elb- und Lühedeich. Schwere Sturmfluten im 14. und 15. Jahrhundert haben für Angst und Schrecken gesorgt und wohl auch Siedlungsspuren ausradiert. So wird das Kirchspiel Bardesfleth im Jahr 1432 zuletzt erwähnt. Bardesfleth gehörte damals noch zur benachbarten Gemeinde Twielenfleth. Und mit dieser hat Grünendeich bis heute etwas gemeinsam: den Kirchennamen St. Marien. Dass zwei Kirchen direkt nebeneinander beide St. Marien heißen, ist schon bemerkenswert. Es könnte ein Zeichen dafür sein, dass es sich einst um eine Kirche gehandelt hat. Sie soll nahe der Elbe gestanden haben und durch Sturmfluten im 16. Jahrhundert zerstört worden sein. Für den Wiederaufbau der Kirche stiftete laut dem Steinkirchener Kirchbuch um 1608 die Schwedin Margareta Peders Dotte Skuthe aus Lenköping Boden und Baumaterial. Hier ist vom Grönendieker Kaspel die Rede. Altar, Kanzel und Taufbecken wurden um 1616 von der wohlhabenden Familie Oßwald von Zesterfleth gestiftet. In der Taufschale ist am Rand das Wappen der von Zesterfleth eingraviert. Der Taufdeckel wurde früher nur zur Taufe vom Becken gehoben. Auf ihm ist die Taufe Jesu Christi durch Johannes den Täufer abgebildet.

Nach dem offenkundigen Untergang Bardesfleths erhielt die neu besiedelte Fläche den Namen Grünendeich. Die erste schriftliche Erwähnung ist auf das Jahr 1449 datiert. 1872 wurde Grünendeich selbstständige Gemeinde. In Grünendeich lebten nicht nur wohl schon immer Fischer und Seefahrer, Letztere hatten auch bis 2002 ihre Seefahrtsschule in Grünendeich. Die 1850 in Cranz gegründete Schule war eine wichtige nautische Ausbildungsstätte. Doch mit der abnehmenden Zahl von

deutschen Seemännern und -frauen hatte die Seefahrtsschule keine Zukunft mehr. Heute ist in ihr das Haus der Maritimen Landschaft untergebracht.
Der Eingang in die Grünendeicher Kirche führt übrigens durch das alte Brauthaus, in dem früher bei Hochzeiten die Brautpaare vor dem Pastor ihre Eheringe wechselten. Nach den Zehn Geboten und vollzogener Trauung ging es immer irgendwann zur Feier. Und da gab es Suppe …

ETWAS KULINARISCHES

Die Altländer Hochzeitssuppe besteht im Grunde aus einer Rinderbrühe und enthält in Würfel geschnittenes Fleisch. Zur Bindung wird der Hochzeitssuppe eine Mehlschwitze zugefügt, was ihr, zusammen mit den Gewürzen wie etwa Ingwer, einen besonderen Geschmack gibt. Zur Altländer Hochzeitssuppe werden gekochte Rosinen und Weißbrot oder Rosinenbrot gereicht, heute aber auch häufig Reis.

✕ ALTLÄNDER HOCHZEITSSUPPE ✕

Zutaten für 100 Personen
100 Pfund Fleisch (möglichst schieres Rindfleisch von einer jungen Kuh, 3/4 Fleisch, 1/4 Knochen)
75 Liter Wasser
1,5 Pfund Salz
8 große Sellerieknollen
10 Petersilienwurzeln
10 Stangen Porree
6 Muskatnüsse, gemahlen
1/8 Pfund Muskatblüte
10 Gramm Ingwer
5 Pfund gute Butter
5 Pfund Mehl
30 Eigelb
8 Pfund Rosinen
12 Pfund Weißbrot
12 Pfund Rosinenbrot

Knochen, Fleisch, das sehr fein geschnittene Suppengemüse und die Gewürze zwei Stunden kochen. Anschließend die Knochen und das Gemüse herausnehmen und das Fleisch in Würfel schneiden. Aus dem Mehl und der Butter eine helle Mehlschwitze herstellen, unter die Suppe geben und eine halbe Stunde ziehen lassen. Zuletzt mit Eigelb abziehen und abschmecken. Die Suppe darf jetzt nicht mehr kochen.
Rezeptquelle: Familie Wehrt, Hotel Altes Land
www.hotel-altes-land.de

Die Suppe wurde wohl schon vor gut 200 Jahren mit den Fleischstücken in heißen Suppenterrinen serviert. Dazu gab es gekochte Rosinen und Weiß- oder Rosinenbrot. Früher brachte, den Erzählungen nach, jeder zur Hochzeit seinen eigenen Löffel mit. Nach dem Essen wurde der Löffel am Tischtuch abgewischt. So gesäubert konnte er wieder mit nach Hause genommen werden. Nach der Hochzeitssuppe und dem ein oder anderen Gläschen Korn wurde traditionell Butterkuchen

TIPP

Wer nur aufwärmen möchte, der kann in Grünendeich zur Frische-Feinkost-Fleischerei Hans Düwer fahren. Der Fleischermeister kann mit einigen Besonderheiten wie getrocknetem Rindfleisch aufwarten. Aber es gibt auch Altländer Hochzeitssuppe zu kaufen. Fehlen nur noch das Brot und die aufgekochten Rosinen. Frische-Feinkost-Fleischerei Hans Düwer,
Kurze Straße 18, Grünendeich
Telefon 0 41 42/22 67.

GESCHICHTE ERLEBEN
Altländer Bauernhäuser

DIE SCHÖNEN GIEBEL

Es gibt sie im ganzen Alten Land, aber in der Samtgemeinde Lühe fällt einem die Vielzahl der schönen Fachwerkhäuser sofort auf.

Typisch für die Altländer Bauernhäuser ist ihre Ausrichtung. Sie stehen in der Regel mit ihrer schmalen Seite zur Straße. Bei vielen Höfen ist vorn noch die Brauttür als Notausgang bei Feuer zu sehen. Der wirkliche Haupteingang befindet sich dann an der Seite. Manche Höfe wurden allerdings auch schon im Laufe der Jahre umgebaut. Hinter den Häusern erstrecken sich die schmalen Hufen, sprich Grundstücke der Bauern, meist im rechten Winkel zu Deich oder Straße. Die Hufen waren oft nur 15 oder 20 Meter breit und dafür aber 1,5 Kilometer bis 2 Kilometer lang. Die Orte an der Lühe haben sich den typischen Charakter eines Deichhufendorfes bewahrt. Die stattlichen Wohnwirtschaftsgebäude mit ihren Ziergiebeln in Buntmauerwerk sind mit den Wohnräumen zur Straße ausgerichtet. Die Wirtschaftsteile mit eher schlichten Giebeln zeigen zu den rückwärtigen Feldern, durch die dort eingebaute Große Tür, die »Groot Döör«, gelangt man auf die Diele zwischen den Ständerreihen. Stall und Wohnteil sind in der Regel gleich lang. Die Konstruktion der Altländer Bauernhäuser gehört

zum Typ des in Norddeutschland verbreiteten Zweiständer-Fachhallenhauses. Die klassische Gebäudeform ist das rechteckige, nicht quadratische Gebäude mit einem steilen Satteldach von über 45 Grad Dachneigung.

Giebelschwäne erinnern im Unterschied zu den sächsischen Pferdeköpfen an die holländische Besiedlung. Es gibt aber beides im Alten Land. Das Buntmauerwerk hat seinen Ursprung vermutlich auch in den Niederlanden. Jede Hauswand sieht anders aus, weil die Fächer der Fachwerkgebäude optisch ansprechend mit Ziegeln in regelmäßiger Anordnung ausgefüllt wurden – etwa bis 1850.

In der zweiten Hälfte des 19. Jahrhunderts ergänzen auch regionsfremde Stilelemente wie etwa Säulen am Eingang den traditionellen Baustil.

DAS ÄLTESTE FACHWERKHAUS IM ALTEN LAND

Das älteste Fachwerkhaus des Alten Landes von 1587 ist als Speicher in die Geschichte eingegangen. Der sechs mal zehn Meter große Bau auf dem Grundstück Guderhandviertel 50 stand bis 1937 an der Straße, dann wurde er etwas zurückversetzt und gedreht. Anfahrt: Von Mittelnkirchen aus kommend über die Brücke in Richtung Dollern und gleich hinter der Brücke links, ein bisschen geradeaus geht es noch am Deich entlang. Nach neuesten Erkenntnissen des Altländer Archivs ist der »Speicher« allerdings eine Einraum-Wohnung – offenbar als Altländer Steuersparmodell

angelegt, denn versteuert wurde das Gebäude nur als Speicher. 1604 wird es im Register als »Haus wie ein Speicher bezeichnet«. Auch in der Giebelinschrift von 1587 ist von »Hus« die Rede. Rauchspuren im Gebälk deuten zudem darauf hin, dass es eine offene Feuerstelle gab – also war es ein bewohntes Gebäude. Es wird vermutet, dass es sich um ein Altenteilerhaus des einstigen Hofbesitzers Heinrich thom Velde handelte.

In Stade

Nach Stade lohnt sich ein Ausflug auf jeden Fall. Die Altstadt lädt zum Bummeln ein. In vielen kleinen Geschäften lässt sich bestimmt auch etwas Nettes für die Lieben zu Hause finden. Aber auch aus Sicht des Altland-Gastes macht ein Abstecher in die Kreisstadt Sinn.

ALTLÄNDER BAUERNHAUS IM FREILICHTMUSEUM

Wer einmal ein Altländer Haus samt Innenausstattung durchschreiten möchte, sollte nach Stade fahren. Die kleine Hansestadt liegt zwar nicht mehr im Alten Land, aber der Verein für Geschichte und Altertümer kaufte 1913 ein Altländer Haus aus Huttfleth von 1733, welches 1914 mit der gesamten Inneneinrichtung auf die Insel verbracht und eingeweiht wurde.

Später kamen unter anderem eine Bockwindmühle und eine Altländer Prunkpforte

von 1791 sowie bäuerliche Geräte dazu. Im Stader Freilichtmuseum gibt auch ein Geestbauernhaus von 1641, das als Restaurant genutzt wird.
Freilichtmuseum Stade, Auf der Insel 2, Stade, Telefon 0 41 41/7 97 73 30
Eintrittspreise: Erwachsene 2 Euro, ermäßigt 1 Euro. Kinder und Jugendliche bis 18 Jahre frei.
www.museen-stade.de/freilichtmuseum

Noch mehr Geschichte gibt es dann im Schwedenspeicher-Museum. Im ersten Obergeschoss wird eine große Ausstellung zur Hansezeit geboten. Im Erdgeschoss des Museums geht es um die Stader Stadtgeschichte. Ein großes dreidimensionales Multimediamodell begleitet die Besucher in sechs Episoden durch die geschichtliche Entwicklung. Für Kinder gibt es Zeitkapseln, in denen sie gemeinsam mit einem Außerirdischen durch Zeit und Raum reisen können. Es gibt auch immer wieder viele Mitmachprojekte, die den bei der ersten Reaktion vielleicht ach so langweiligen Museumsausflug zum Erlebnis werden lassen. Erwachsene zahlen 6 Euro, ermäßigt 3 Euro. Kinder und Jugendliche bis 18 Jahre haben freien Eintritt ins Museum. Das aktuelle Programm im Schwedenspeicher finden Sie im Internet.
Schwedenspeicher-Museum, Wasser West 39, Stade, Telefon 0 41 41/79 77 30
www.museen-stade.de/schwedenspeicher

Die erste urkundliche Erwähnung verzeichnet Stade im Jahr 994, damals genannt Stethu. Über den Fluss Schwinge konnten Schiffe direkt bis nach Stade kommen. Der um 1250 entstandene Hansehafen ist als älteste maritime Anlage fast unverändert erhalten geblieben. Um ihn herum gruppieren sich neben dem heutigen Museum Schwedenspeicher der Holzkran, Hudebrücke sowie Handelshäuser am Wasser West und am Wasser Ost. Der Hafen ist einer der ältesten Europas. Und es ist nicht der einzige Stader Hafen. Die Sportskipper treffen im Stadthafen mit seiner modernen Kulisse einer kleinen »Hafencity« ein. Auch zahlreiche Ausflugsschiffe starten in diesem um 1880 angelegten Hafen. Einmal über die Straße befindet sich der Holzhafen, in dem früher Holz gelagert wurde. Heute starten hier Fleetkahn-, Kanu- und Tretboot-Fahrten. Stades Seehafen an der Elbe liegt bei Bützfleth. Hier werden Güter in der Zahl und Größe umgeschlagen, wie sie heute üblich sind.

Stade ist eine der ältesten Städte in Nordeuropa. Und sie kann mit dem ältesten Weinkeller Deutschlands glänzen. Am 22.02.1305 wurde er im Stadtbuch schriftlich erwähnt. Aber nicht nur deshalb lohnt sich ein Besuch des gotischen Kellergewölbes

GESCHICHTE ERLEBEN

✕ GASTRO-TIPP ✕

Goebencafe

Einen kleinen Snack zum Mittag, ein Frühstück oder ein schönes Stück Kuchen mit Kaffee gibt es mit besonderem Flair garniert im Goebencafe in Stade. Das Café liegt direkt am Stader Fischmarkt rund um den alten Hansehafen in einem denkmalgeschützten Haus, das auch drinnen mit einem besonderen historischen Ambiente aufwarten kann.
Cafe im Goebenhaus, Wasser West 21, Stade, Telefon 0 41 41/ 23 13

Ratskeller Stade
Hökerstraße 10, Stade,
Telefon 0 41 41/78 72 28
www.ratskeller-stade.de

unter dem Stader Rathaus, das auch den großen Stadtbrand von 1659 überstanden hat. Im Stader Ratskeller gibt es süffiges selbst gebrautes Stader Bier und eine gutbürgerliche Küche. Bei schönem Wetter im Sommer wird das Gertruden-Bräu auch im Biergarten hinter dem Rathaus serviert.

Mehr Infos zur Stadt Stade
bei der Stade Tourismus-GmbH,
info@stade-tourismus.de
Telefon 0 41 41/40 91 70,
www.stade-tourismus.de

REIF FÜR DIE CAMPINGPLATZ-INSEL

Es ist immer noch ein kleiner Geheimtipp. Aber wer samt Wohnwagen oder Zelt reif für die Insel ist, der ist bei Holger Blohm, dem Inhaber des Camping-Platzes Lühesand mitten in der Elbe, willkommen. Mit seiner Fähre Sottje II bringt der Fährmann die Besucher in den Sommermonaten auf die Elbinsel vor Hollern-Twielenfleth und Grünendeich. Sottje II fuhr früher auf dem Rhein. Für ihren Dienst auf der Lühesander Süderelbe wurde sie umgebaut. Auf Grund ihrer Bauweise können die

Wohnwagen auch bei niedrigen Wasserständen übergesetzt werden. Doch nur, wenn Sie sich rechtzeitig anmelden. In den Sommermonaten sollte das schon eine Woche vorher sein. Dann gibt es auf dem für 180 Stellplätze ausgelegten Insel-Campingplatz meist noch eine Stell- oder Zeltmöglichkeit. Ein Teil der Insel ist Vogelschutzgebiet. Die Fähre fährt nicht täglich, um Wohnwagen zu transportieren. Personen allerdings werden jeden Tag befördert. Auf der Insel gibt es Telefon, Wasser- und Toilettenbereich, aber keinen Strom. Mit Windkraft, Solarenergie oder Gas lässt es sich trotzdem dort gut leben.

Anmeldungen für Fährfahrten mit der Wohnwagenfähre nimmt Inhaber Holger Blohm unter der Telefonnummer 0 41 42/27 75 entgegen.

Campingplatz Lühesand, Sandhörn 6a, 21720 Grünendeich, Telefon Insel: 0 41 42/27 75
Telefon Festland: 0 41 42/13 36

HOLLERN-TWIELENFLETH

Im Januar 1967 haben sich die beiden selbstständigen Gemeinden Hollern und Twielenfleth zusammengeschlossen. Da die niedersächsische Landesregierung keinen Doppelnamen zuließ, hieß die Gemeinde zunächst Hollern mit dem Ortsteil Twielenfleth. Die Twielenflether waren aber nicht bereit, so einfach den Verlust ihres

Ortsnamens zu akzeptieren. Sie gründeten eine Bürgerinitiative, genannt Bürgerschaft, und kämpften für den Doppelnamen. Mit Erfolg: Seit dem 1. Juli 1984 heißt die Gemeinde offiziell Hollern-Twielenfleth.

St. Mauritius Hollern

Der Turm der St.-Mauritius-Kirche ist wohl das älteste noch erhaltene Bauwerk im Alten Land. Als das Kirchenschiff um 1900 erneuert wurde, konnte im Turm ein Stein freigelegt werden, in dem die Jahreszahl 1116 eingeritzt war. Der runde Turm wirkt wie ein Wehrturm. Er ist in dieser Form einzigartig im Alten Land und hat eine Gesamthöhe von 25 Metern.

Die Orgel wurde 1690 von Arp Schnitger gebaut. Doch in der Kirche St. Mauritius war der schöne Klang perfekter Orgelmusik lange nicht zu hören. Seit 1961 eine Restaurierung durchgeführt wurde, die sich im Nachhinein als unsachgemäß herausstellte, war der Klang stark beeinträchtigt. Und nicht nur der. Die Orgelempore wurde damals auf das tiefere Niveau der 1901 erbauten nördlichen Seitenempore gebracht. Bei dieser Umgestaltung verschwanden alle bemalten Tafeln der Orgelbrüstung. 600.000 Euro waren nötig, um die Arp-Schnitger-Orgel zu restaurieren. 2011 wurde sie feierlich eingeweiht.

UNTERWEGS IN DER I. MEILE

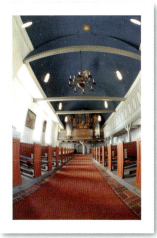

TAFELN WIE EIN ALTLÄNDER

Zur Aussteuer bei der Hochzeit gehörten im Alten Land der Braut- und der Bräutigam-Stuhl. In den Rückenlehnen wurden schmuckvoll die Namen oder Initialen der Besitzer eingeschnitzt, darunter waren fein gedrechselte Stäbe. Der Männerstuhl war immer etwas höher als der Stuhl der Braut. Außerdem gehörten sechs Stühle ohne Lehnen zur

TIPP

Bei Gerd und Annegret Beckmann in Hollern-Twielenfleth können Besucher in der guten Altländer Stube tafeln.
Hollernstraße 97a, 0 41 41/72 20
E-Mail: info@altlaenderobsthof.de
www.altlaenderobsthof.de

Das Foto stammt aus dem Altländer Freilichtmuseum.

Aussteuer. Die Motive unterschieden sich übrigens je nach Meile. In der I. Meile war das Motiv mit Vögeln, Herzen und Tulpen verziert. In der

II. Meile zierten Blumen, Ähren und Blätter den Rückenteil. In der III. Meile gab es außerdem Füllhörner, die abgebildet wurden.

BASSENFLETHER STRAND

Am Elbstrand lässt es sich gut sonnen. Der Bassenflether Strand gilt bei vielen als der schönste Strand weit und breit. Bei sehr gutem Wetter werden manchmal die Parkplätze rar.
Aber: Schiff in Sicht – raus aus dem Wasser. Die Gefahr von Sog und Schwell steigt, weil die Containerschiffe immer größer werden. Auch deshalb warnt die Deutsche Lebens-Rettungs-Gesellschaft (DLRG) vor dem Baden in der Elbe. Durch die vorbeifahrenden großen Schiffe könnten lebensgefährliche Flutwellen und Strömungen entstehen, die vor allem Kinder ins Wasser ziehen können. Geübte könnten im Fluss schwimmen, sollten sich jedoch immer der Gefahren bewusst sein. Zum Sandburgenbauen taugt der Bassenflether Strand aber allemal.

SCHWIMMEN MIT ELBBLICK

Im Sommer ins Freibad? Dann ins Freibad Hollern-Twielenfleth. Dort lässt es sich in sicherem Gewässer schwimmen und sogar rutschen, mit dem Blick auf die Elbe und vorbeifahrende Schiffe. Bei der richtigen Positionierung der Liegestühle bleibt der Blick auf die großen Pötte frei. Das 1974 gebaute Bad liegt als einziges Schwimmbad zwischen Hamburg und Cuxhaven im Außendeichbereich.
Am Deich 41, Hollern-Twielenfleth, Telefon 0 41 41/7 68 81

MÜHLE VENTI AMICA

Das Schmuckstück Hollern-Twielenfleths ist eine Freundin des Windes. »Venti Amica« heißt der Galerie-Holländer, an dessen Stelle schon um 1300 die erste Windmühle gestanden hat – eine Bockwindmühle, die auf einem Gestell – daher der Namensteil Bock – in den Wind gedreht wurde. Die Bockwindmühle stürzte um 1818 um. Bei ihrem Nachfolger, dem wahrscheinlich 1848 aufgestellten Galerie-Holländer, lässt sich das Dach mit den Flügeln alleine drehen. Seit 1851 befindet sich Mühle im Besitz ein und derselben Müllerfamilie.

Das Flügelkreuz der Venti Amica treibt ein Steinmahlwerk an, das die Drehzahl-Schwankungen einfach wegsteckt. Sechs Böden hat die 24 Meter hohe Mühle, darin Antriebsriemen und Rohre. Zum Reinigen läuft das Getreide durch sechs verschiedene Maschinen, bevor es zu Mehl gemahlen wird. Um die Venti Amica kümmert sich heute in Zusammenarbeit mit dem Besitzer ein Verein und öffnet das Kultur- und Baudenkmal auch regelmäßig für die Öffentlichkeit. Aktuelle Infos gibt es unter www.muehlenverein-venti-amica.de

DAS ALTE LAND MARITIM

LEUCHTTÜRME

Ein Leuchtturm bleibt an der Elbe selten allein. Einige gehören sogar wirklich zusammen und bilden eine Richtfeuerlinie, erkennbar etwa am gleichen Blinksignal. Der Schiffsführer muss beide Feuer übereinander in einer geraden Linie zum Schiff halten, dann ist er im Fahrwasser. Für ein Richtfeuer sind zwei Feuer nötig. Das weiter vorn am Wasser ist meist tiefer als das weiter hinten im Land. Das vordere wird Unterfeuer, das hintere Oberfeuer genannt.

Oberfeuer Somfletherwisch

Das Oberfeuer Lühe befindet sich in der Nähe vom Haus der Maritimen Landschaft Unterelbe, Kirchenstieg 30, in Grünendeich.

Das Unterfeuer Lühe ist der Klassiker unter den Leuchttürmen, im Hintergrund das seit 2010 stehende neue Unterfeuer Somfletherwisch.

Das Unterfeuer Somfletherwisch (neu, rechts) ersetzte den alten Leuchtturm Mielstack von 1905 (links), der von 1907 bis 2010 in Betrieb war und hier gerade so über die Deichkante lugt.
In Wisch, in einem Seitenweg der Straße am Deich entlang, steht dann das Oberfeuer Somfletherwisch, ein mehr als 35 Meter hoher sechseckiger Stahlgitterturm. Er ist bei einem Spaziergang auf dem Deich hinter dem alten Leuchtturm Mielstack zu sehen.

HAUS DER MARITIMEN LANDSCHAFT UNTERELBE

Die ehemalige Seefahrtschule in Grünendeich ist heute Sitz der Geschäftsstelle der Maritimen Landschaft Unterelbe und des Tourismusverbandes. Im Erdgeschoss ist eine Ausstellung untergebracht. Oben auf der Kapitänsbrücke gibt es den freien Blick über die Elbe. Und natürlich alle nautischen Geräte, die auf der Brücke von kleinen und großen Schiffen zu finden sind. Früher kamen sie bei der Schulung der angehenden Kapitäne zum Einsatz. In der ehemaligen Seefahrtschule ist auch ein Planetarium untergebracht.

Das Kapitänspatent wird es nicht für einen Besuch geben. Aber wer will, kann sich eine Urkunde über ein Navigations-Patent ausstellen lassen.

Haus der Maritimen Landschaft Unterelbe, Kirchenstieg 30, Grünendeich
Telefon 0 41 42/81 20 76, www.maritime-elbe.de

Die nördlichsten »Altländer Leuchttürme«, die aber nicht zusammen ein Richtfeuer bilden: Der alte Twielenflether Turm, eine viereckige weiße Leuchtbake mit weißer runder Laterne, war von 1893 bis 1984 in Betrieb. Der alte Turm wurde abgebrochen und hinter dem Deich wieder aufgestellt. Dort dient er als Industriedenkmal mit einer kleinen Ausstellung. Das Innere des Turmes kann besichtigt werden. Gepflegt und erhalten von der Bürgerschaft Twielenfleth.

Kontakt über Telefon 0 41 41/7 68 14

DAS ALTE LAND MARITIM

WEITERFÜHRENDE LITERATUR, QUELLEN, ADRESSEN

Adolf E. Hofmeister: Besiedlung und Verfassung der Stader Elbmarschen im Mittelalter. Band I: Die Stader Elbmarschen vor der Kolonisation des 12. Jahrhunderts, Veröffentlichungen des Instituts für Historische Landesforschung der Universität Göttingen, Hildesheim 1979

Band II: Die Hollerkolonisation und die Landesgemeinden Land Kehdingen und Altes Land, Veröffentlichungen des Instituts für Historische Landesforschung der Universität Göttingen, Hildesheim 1981

Altländer Sparkasse (Herausgeber): Chronik Hollern-Twielenfleth, 1984

Cornelius H. Edskes und Harald Vogel: Arp Schnitger und sein Werk, 2009

Elisabeth Lemke: Grünendeich – Ein Dorf an der Elbe im Wandel der Zeiten, 1989

Eckart Brandt: Brandts Apfellust, 2000

Gemeinde Jork/Gina Lang: Das Jorker Rathaus ... Entstehung und Geschichte, 2010 (Broschüre erhältlich im Rathaus)

Hans Peter Siemens: Das Alte Land, Geschichte einer niederelbischen Marsch, 1951

Hinrich Behr, Elisabeth Lemke, Gerd Matthes: Die Altländer Tracht, herausgegeben von der Altländer Sparkasse, 1985

Samtgemeinde Lühe/Gemeinde Jork (Herausgeber): Baufibel Altes Land, 2011

Verlag A. Pockwitz Nachf. Karl Krause, Stade-Buxtehude (Herausgeber): Die Sturmflut-Katastrophe im Februar 1962, 1962

Zeitungsverlag Krause: Buxtehuder, Altländer, Stader TAGEBLATT

Tourismusverein Altes Land, Osterjork 10, 21635 Jork, Telefon 0 41 62/91 47 55

STADE Tourismus GmbH, Hansestraße 16, 21682 Stade, Telefon 0 41 41/40 91 70

Obstbauzentrum Jork, Moorende 53, 21635 Jork, Telefon 0 41 62/6 01 61 34

Koehlers Reiseführer:
kompakte und topaktuelle Begleiter auf dem Kurztrip oder im Urlaub.

Thomas Fröhling:
Reiseführer Nordfriesische Inseln

Sylt – Die elegante Schöne
ISBN 978-3-7822-1096-6

Amrum/Föhr
ISBN 978-3-7822-1097-3

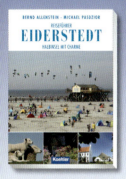

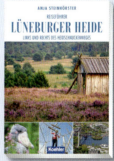

Bernd Allenstein/
Michael Pasdzior:
Reiseführer Eiderstedt
Halbinsel mit Charme
ISBN 978-3-7822-1217-5

Rolf Gruel: Reiseführer
Fischland – Darss – Zingst
… und das Recknitztal
ISBN 978-3-7822-1214-4

Anja Steinhörster: Reiseführer
Lüneburger Heide – Links und rechts
des Heidschnuckenweges
ISBN 978-3-7822-1215-1

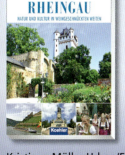

Kristiane Müller-Urban/Eberhard Urban:
Reiseführer Rheingau
Natur und Kultur in weingeschmückten Weiten
ISBN 978-3-7822-1216-8

www.koehler-books.de